JULE KIENECKER
MECHTHILD SCHROETER-RUPIEPER

Hilf mir, WENN ICH TRAURIG BIN

EIN BUCH ZUM TRAUERN, ERINNERN UND ABSCHIEDNEHMEN

PATMOS VERLAG

WAS DU IN DIESEM BUCH ALLES FINDEST

FÜR DICH

Ein paar Worte an dich 5

FRAGEN

Vom Werden und Vergehen 8
Wie geht Sterben? 10
Was ich schon immer mal wissen wollte ... 11
Was passiert,
nachdem jemand gestorben ist? 12
Und was kommt dann? 16
Im Himmel oder unter der Erde? 20
Von kleinen und großen Abschieden 21
Was ich schon immer mal fragen wollte 57

ERINNERN

Erinnerungsecke 28
Geheime Erinnerungskiste 29
Gedenkbäumchen 54
Erinnerungsmobile 55
Mein Erinnerungsmemory 60
So siehst du in meiner Erinnerung aus 70
Wie ich mich an dich erinnere 71
Was ein Name alles sagen kann 72
Elfchen 73

FÜHLEN

Traurigkeit hat viele Gesichter 36
Wo sitzt deine Traurigkeit? 38
Auf und ab mit den Gefühlen 40
Heute bin ich traurig, weil 41
Du machst mir keine Angst mehr! 42
Das macht mich so wütend! 43
Ich wünsche mir 45
Kummerkasten 46
Trostspender 86
Meine Hand in deiner 87

WWW

Dieses Symbol findest du auf vielen Seiten in der oberen Ecke. Es bedeutet, dass du zu dieser Seite Ausmalvorlagen, Schablonen oder Ähnliches downloaden und ausdrucken kannst – nur für dich oder auch für andere, mit denen du dann zusammen malen, schreiben und spielen kannst.

Hier der Download-Link: WWW.PATMOS.DE/DOWNLOAD/978-3-8436-1154-1
Oder du scannst diesen QR-Code und gelangst so auf den Downloadbereich:

NACHDENKEN

Hinter dem Horizont ... 6
Das Silbertor ... 18
Die Geschichte von der Raupe ... 24
Gedankenfähnchen ... 30
Gute und schlechte Erinnerungen ... 32
Alles anders? ... 44
Was ich dir noch sagen wollte ... 56
Platz für Träume ... 58
Gute Reise, lieber Gedanke! ... 74
Auf den Kopf gestellt ... 88
Es geht immer weiter! ... 93

MACHEN

Fotos mit Flügeln ... 22
Verleih uns Flügel! ... 26
Erzählst du mir was? ... 34
Ein Bild für einen Großen ... 47
Knete selbst gemacht ... 48
Am Grab ... 49
Rituale ... 50
Trauerschmuck ... 52
Mal mal mit Musik! ... 63
Fühl mal! ... 64
Lass es dir schmecken: zwei Rezepte ... 66
Bilder-Basteleien ... 68
Schöne Lichter ... 76
Salzteig + Klebstoff selber machen ... 78
Eine Blume nur für dich ... 79
Mandali-Mandala ... 80
Mein wildes Mandala ... 81
Strumpfkumpel ... 82
Meine Liebsten-Galerie ... 84
Familienbande ... 85
Einladungszettel zum Verteilen ... 90

VON UNS

Wer hat dieses Buch gemacht? ... 94

www.patmos.de/download/978-3-8436-1154-1

EIN PAAR WORTE *an dich*

In den Händen hältst du ein Buch, das nur für dich ist und das dich durch eine schwierige Zeit begleiten kann. Wahrscheinlich hast du gerade jemanden verloren, der dir wichtig war, oder du beschäftigst dich damit, wie es ist, wenn jemand gehen muss, den du gern hast.

Es ist für niemanden leicht, über Abschied, die Trauer und den Tod zu sprechen. Vor allem Erwachsene haben oft Angst, etwas Falsches zu sagen. Es erfordert Mut, darüber zu reden. Vielleicht findest du es selbst gar nicht so schwer, aber niemand antwortet dir so richtig?

Du findest in diesem Buch viele Ideen, die es euch erleichtern können, miteinander zu sprechen. Und jede Menge Platz für deine Gedanken und Gefühle. Hat jemand dir dieses Buch geschenkt? Das ist jemand, der dir etwas Gutes tun möchte. Vielleicht ist das die Person, mit der du die eine oder andere Bastel- oder Spielidee machen möchtest? Lass dieses Buch zu deinem Begleiter werden. Mal brauchst du es mehr und mal weniger, vielleicht auch mal eine lange Weile gar nicht. Aber es ist für dich da und du kannst es hervorholen, wenn dir gerade danach ist.

Bücher haben einen Anfang und ein Ende. Mit der Trauer ist das ein wenig anders – sie ist auf einmal da und verändert sich im Laufe der Zeit, wird mal leiser, mal lauter, mal scheint sie vielleicht zu verschwinden und mal ist sie plötzlich wieder da. Sie ist bei jedem Menschen anders und entwickelt sich mit dir. Deswegen brauchst du dich hier auch nicht Seite für Seite durchzuarbeiten, sondern darfst nach Herzenslust blättern und stöbern, Seiten und Dinge wiederholen, kopieren oder auch weglassen. Was davon gerade für dich passt, weißt du am besten.

Auch wenn du deinen eigenen Weg durch die Trauer finden musst, du bist nicht alleine unterwegs. Teile mit anderen, was dich beschäftigt, was dir Angst macht, was dich freut und was du hoffst. Dieses Buch kann dir dabei helfen.

Jule & Mechthild

HINTER DEM *Horizont*

Verschwindet ein Boot hinter dem Horizont, so ist es nicht einfach weg, auch wenn wir es nicht mehr sehen können. So, wie wir die Sonne in der Nacht nicht sehen können.

Jemand, der gestorben ist, ist nicht mehr hier bei uns. Wir können ihn nicht mehr sehen oder berühren. Was bleibt von ihm? Vielleicht ist er auf eine andere Art „da“? Mach dir einmal Gedanken darüber und wenn du magst, kannst du es hier aufschreiben.

Vom WERDEN und VERGEHEN

Jedes Lebewesen kommt eines Tages auf die Welt und muss irgendwann sterben – egal, ob Mensch, Tier oder Pflanze. Wenn nichts und niemand sterben würde, dann wäre unsere Erde irgendwann zu klein für alle. Das Sterben gehört zum Leben wie der Schatten zum Licht.

DER LEBENSKREISLAUF EINER BLUME

Hier siehst du am Beispiel einer Blume, wie das Werden und Vergehen in der Natur abläuft:

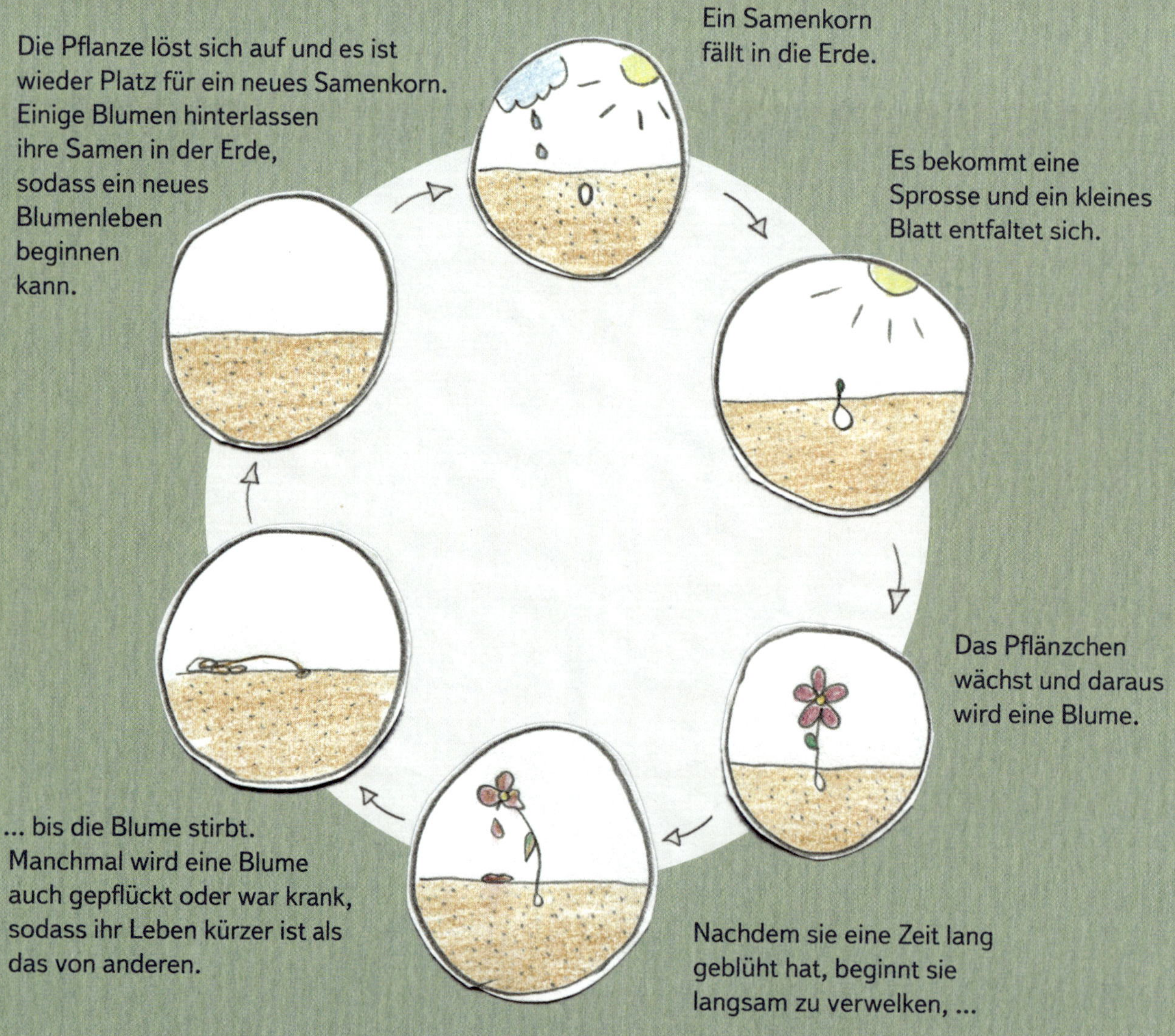

UND WIE IST DAS BEI UNS?

Auch wir Menschen werden geboren, wachsen auf, werden älter und sterben eines Tages. Hier kannst du den Kreislauf eines Menschenlebens hineinzeichnen:

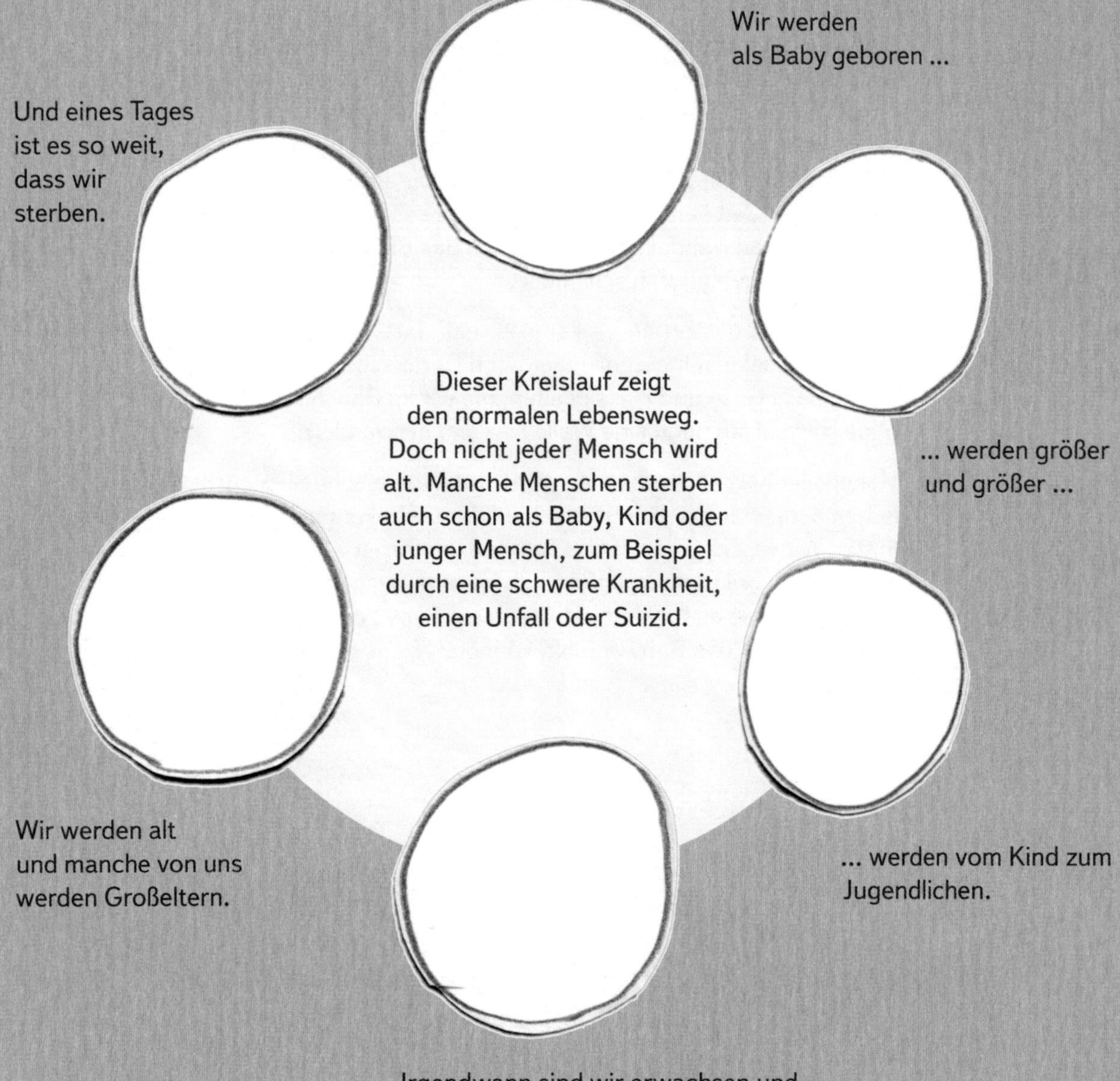

Wie geht Sterben?

Wenn ein Mensch stirbt, hört er auf zu atmen. Das Herz schlägt nicht mehr und deshalb fließt auch sein Blut nicht mehr. Dann ist er tot. Ein lebendiger Körper fühlt sich warm an, weil das Blut darin fließt; an den Handgelenken kann man spüren, wie es durch die Adern gepumpt wird: Das ist der Puls. Ein toter Körper wird nach einiger Zeit kalt, steif und sieht blass aus, da das Rosige auf der Haut verschwindet. Das ist nämlich das Blut, das ganz leicht durch die Haut hindurch schimmert.

Wenn jemand gestorben ist, kann es sein, dass man in den ersten Stunden in seinem Inneren immer noch Geräusche hört. Das liegt daran, dass Gase und Flüssigkeiten, die wir im Bauch haben, auch ohne Herzschlag noch eine Weile hin- und herwandern.

Manche Menschen sterben langsam und andere schnell. Manche haben Schmerzen und andere keine oder sie bekommen Schmerzmittel. Wir wissen nur, wie das Sterben im Körper abläuft – wir wissen nicht, wie es sich anfühlt. So ist es ja auch mit der Geburt: Wir wissen, wie es funktioniert, wenn ein Baby zur Welt kommt. Wie es sich für das Baby anfühlt, können wir uns nur vorstellen.

WAS ICH SCHON IMMER MAL **WISSEN** WOLLTE …

Kann man einen Toten irgendwie wieder lebendig machen?

Nein, das ist nicht möglich. Wenn jemand gestorben ist, bleibt er tot und der Körper wird nie wieder lebendig sein. Jedes Lebewesen entsteht, wächst, lebt und stirbt irgendwann. Sonst wäre die Erde ja auch irgendwann viel zu voll.

Tut tot sein weh?

Nein. Wenn wir tot sind, dann spüren wir nichts mehr. Keinen Schmerz, keine Angst und auch keine Kälte. Unser Körper hat dann aufgehört zu leben und kann nichts mehr fühlen. Wenn jemand nach einer Krankheit stirbt, dann ist im Moment seines Todes auch jeder Schmerz vorbei.

Wird man unter der Erde wirklich zu Erde? Und wie?

Ja, ein toter Körper wird in der Natur nach einiger Zeit tatsächlich zu Erde. Bei einem lebendigen Köper erneuern sich die Zellen die ganze Zeit, meist ohne, dass wir es spüren. Sehen können wir das zum Beispiel daran, dass Wunden heilen und Haare oder Nägel wachsen. Bei einem toten Körper hat das aufgehört. Stattdessen löst er sich langsam auf und wird zu Erde. Im Prinzip passiert dann genau dasselbe mit dem Körper wie mit dem Herbstlaub, das nach und nach zu Erde wird.

WAS PASSIERT, *nachdem jemand* GESTORBEN *ist?*

Nachdem jemand gestorben ist, stellt ein Arzt offiziell den Tod fest und schreibt den Totenschein. Darauf steht genau, wann die Person gestorben ist.

Dann muss man in Deutschland spätestens nach 36 Stunden ein Bestattungsinstitut anrufen, das den Toten abholt und aufbewahrt. Das ist die Zeit, in der man sich möglicherweise vom toten Körper verabschieden kann. Wenn die Person im Krankenhaus stirbt, ist meist ein Arzt dabei. Mit ihm kann man besprechen, wie lange man noch beim Toten bleiben möchte.

Mit einem Bestattungsinstitut regeln die engsten Angehörigen alles Nötige (da gibt es viel Papierkram zu erledigen und es wird besprochen, wie der Verstorbene beerdigt werden soll).

Die Familie bekommt in dieser Zeit vielleicht viel Post – häufig haben die Briefumschläge einen schwarzen Rand. Das sind Beileidsbriefe, sogenannte Kondolenzschreiben. Damit möchten andere der Familie sagen, dass sie in dieser schweren Zeit an sie denken. Vielleicht kommt auch mehr Besuch vorbei als sonst. Auch das zeigt, dass andere da sein, Mitgefühl zeigen und Hilfe anbieten wollen.

Dann findet nach ungefähr einer bis drei Wochen die Beerdigung oder Einäscherung statt: Viele Menschen werden bei uns in einem Sarg beigesetzt (so nennt man das Versenken eines Sarges in der Erde).

Andere werden in einem Krematorium verbrannt. Die Asche kommt in einen Behälter, die Urne. Diese wird auf einem Friedhof oder in einem Bestattungswald beigesetzt. Bei einer Seebestattung wird eine besondere Urne verwendet, die sich nach einiger Zeit im Wasser auflöst. Diese wird ins Meer gelassen. Die Angehörigen entscheiden, ob diese Zeremonie öffentlich ist oder ob nur die Familie daran teilnimmt (manchmal hat der Verstorbene auch in einer Art Brief, dem Testament, festgelegt, wie das alles ablaufen soll). Es findet in der Regel eine Trauerfeier statt, bei der die Urne oder der Sarg aufgebahrt und geschmückt wird und die Trauergäste auf Stühlen davor sitzen. Viele ziehen sich dafür schwarz oder dunkel an, das muss aber nicht sein. Jemand hält eine Rede, man hört Musik und oft wird gemeinsam gesungen. Es ist eine gemeinschaftliche Abschiedsfeier.

Dann gehen alle im Trauerzug langsam und ruhig von diesem Ort zur Grabstätte und nehmen zum allerletzten Mal Abschied. Am ausgehobenen Grab steht oft eine Schale mit Blütenblättern und ein Spaten mit Erde bereit: Wer möchte, darf eine Handvoll Blüten und eine Schippe Erde mit ins Grab geben. Man darf auch einen Brief oder ein Abschiedsgeschenk mit hineinlegen. Wenn alle Trauergäste weg sind, machen die Totengräber (das sind Mitarbeiter vom Friedhof) das Grab mit Erde zu und legen den Grabschmuck und die

von den Gästen mitgebrachten Blumen und Kränze darauf. Der Grabstein kommt erst später.

Danach gibt es bei vielen Beerdigungen noch einen sogenannten „Trauerschmaus“. Die Gäste treffen sich dazu in einem Café oder bei jemandem zu Hause. Man denkt gemeinsam an den Verstorbenen, erzählt Geschichten über ihn oder sie, man weint, lacht und tröstet sich gegenseitig. Zur Stärkung gibt es eine Kleinigkeit zu essen und zu trinken.

Dann ist die Zeit der Organisation und der Zeremonien vorbei. Die Trauer geht aber weiter und die, die zurückgeblieben sind, müssen einen Weg für das neue Leben ohne den Verstorbenen finden.

In anderen Ländern, Religionen und Kulturen bestatten die Menschen ihre Toten anders.

Bei den Muslimen werden die Toten innerhalb der ersten 24 Stunden nach einer rituellen Waschung und einem Totengebet beerdigt, eingewickelt in einem einfachen weißen Leinentuch. Dies soll zeigen, dass alle Menschen vor Allah (die arabische Anrede für Gott) gleich sind. Das Grab ist so ausgerichtet, dass der Körper nach Mekka blickt. Dort befindet sich das zentrale Heiligtum des Islam.

Es wird gemeinsam gebetet und für die Trauernden gekocht und gesorgt. Nach 40 Tagen gibt es ein erneutes Erinnerungsfest (Mevlüt). Einige stellen Vogeltränken ans Grab – Anderen Gutes zu tun, ist hier besonders wichtig.

Werden Muslime bei uns in Deutschland beerdigt, erfolgt das erst nach 48 Stunden (so lange muss laut deutschem Gesetz mit der Beerdigung gewartet werden) und auf den meisten Friedhöfen besteht noch Sargpflicht – dann werden die Toten in einfachen Särgen beerdigt. Im Islam ist nur die Erdbestattung denkbar.

Im Judentum gibt es auch das Ritual der Totenwaschung, die von ganz bestimmten Personen durchgeführt wird. Der Tote wird pausenlos bewacht und nicht allein gelassen. Die Beerdigung soll möglichst schnell geschehen. Der Leichnam wird in ein einfaches weißes Totenhemd gekleidet und zusammen mit einem Säckchen Erde aus Israel in einem schlichten Holzsarg bestattet. Als Zeichen ihrer Trauer zerreißen oder zerschneiden die engsten Angehörigen am Grab den Kragen ihrer Kleidung. Es folgt eine Trauerzeit von sieben Tagen, bei der die Angehörigen schweigend auf Stühlen sitzen bleiben und von Freunden und Verwandten umgeben sind und versorgt werden.

Auf jüdischen Gräbern sieht man oft kleine und größere Kieselsteine. Diese werden von Besuchern als Zeichen hingelegt, dass der Tote nicht vergessen ist oder dass das Lebenswerk des Verstorbenen weitergeführt wird.

UND BEI UNS?

Es gibt die unterschiedlichsten Rituale für eine Beerdigung und viele verschiedene Möglichkeiten, sich einzubringen. Man kann zum Beispiel den Sarg anmalen, sich etwas Besonderes für die Trauerfeier ausdenken, das zum Verstorbenen passt, die Musik mitbringen, die man möchte, und es muss auch nicht mehr, wie früher, jeder schwarz tragen (auch wenn die meisten Erwachsenen das tun).

Vor einer Beerdigung kannst du dir überlegen, ob du etwas dafür vorbereiten möchtest. Das kann etwas sein, das nur du weißt, wie zum Beispiel ein Brief, den du dem oder der Verstorbenen ins Grab legst. Oder es ist etwas, das alle mitbekommen dürfen: den Sarg anmalen zum Beispiel oder eine Kerze gestalten. Aber vielleicht hast du ja auch noch ganz andere Ideen. Hab keine Angst, darüber mit einem Erwachsenen zu sprechen, auch wenn sie in dieser Zeit angespannt und traurig sind. Ihr dürft das miteinander teilen und du kannst mitmachen und helfen.

Hier kannst du dir Gedanken oder Notizen machen, wie du es dir vorstellst und welche Ideen und Wünsche du hast. Wenn die Beerdigung schon vorbei ist, schreib auf, wie es war.

- [ ] Wobei darf ich mitmachen?
  Beispiele: den Sarg oder die Urne bemalen, Musik aussuchen, Dekoration basteln, Blumen aussuchen, bei der Trauerfeier etwas vortragen oder vorsingen. Meine Ideen:

- [ ] Wer wird alles dabei sein?

- [ ] Wo findet die Trauerfeier statt?

- [ ] Wie soll der Sarg oder die Urne aussehen?

- [ ] Soll es nach etwas duften?

- [ ] Welche Musik passt?
  · Musik, die an den Verstorbenen erinnert
  · Musik, die traurig macht, oder Musik, die fröhlich macht
  (Vielleicht auch beides, zum Beispiel zum Schluss etwas, das fröhlich macht, damit ein gutes Gefühl bleibt?)

- [ ] Wie soll die Stimmung sein?

- [ ] Wer wird eine Rede halten? Fremde oder Freunde und Freundinnen? Wer lieber nicht?

- [ ] Was tröstet mich? Kann ich etwas Tröstliches zur Beerdigung mitnehmen?

- [ ] Wie wollen wir uns kleiden?
  Schwarz und dunkel, farbig oder darf das jeder machen, wie er will?

- [ ] Wollen wir ein Bild aufstellen? Oder ganz viele?

- [ ] Wird es eher warm oder kalt sein? Wie sieht es draußen gerade aus und was kann man bei dem Wetter machen, was eher nicht?

- [ ] Was soll es zu essen und zu trinken geben? Süß oder salzig oder beides? Vielleicht etwas, das mir immer guttut, wenn ich traurig bin? Oder gibt es ein Essen oder Getränk, das der verstorbene Mensch besonders mochte?

- [ ] Welches Ritual können alle zusammen machen? Beispiel: Jeder bringt ein Erinnerungsfoto mit und wir machen eine Fotowand, eine Girlande oder einen Fototisch. Oder jeder schickt vorher ein Bild per E-Mail und es wird ein digitaler Bilderrahmen aufgestellt, auf dem die Bilder durchlaufen.

- [ ] Wo gehen wir danach hin und was passiert am Rest des Tages?

- [ ] Was wünsche ich mir, wenn alle weg sind?

Sprich mit einem Erwachsenen darüber, was geplant ist. Zeig ihm oder ihr deine Ideen und frag, ob du etwas davon umsetzen kannst.

Und WAS kommt DANN?

Vielleicht hast du diese Frage schon einmal den Erwachsenen gestellt. Es gibt darauf keine richtige oder falsche Antwort. Die Menschen haben ganz unterschiedliche Antworten auf diese Frage, denn wir wissen erst dann, was nach dem Tod kommt, wenn wir tot sind. Solange wir leben, können wir uns nur etwas vorstellen, woran wir glauben.

Hier sind einige Beispiele:

TREFFEN IM HIMMEL

Manche stellen sich vor, dass nur unser Körper stirbt und unsere Seelen im Himmel wieder zusammen sind. Die Seele ist in dieser Vorstellung der Teil von uns, der uns als Person ausmacht, den man aber nicht anfassen kann. Manche glauben auch, dass die Seelen nach dem Tod bei Gott sind.

WIEDERGEBURT

Einige Menschen glauben daran, dass wir nach dem Tod wiedergeboren werden und dann als ein anderer Mensch oder ein Tier wieder auf der Erde leben.

ENERGIE

Es gibt auch Menschen, für die nach dem Tod eines geliebten Menschen etwas Unsichtbares bleibt. Ein Gefühl oder eine Energie, die wir in uns tragen und die uns begleitet.

NICHTS

Einige Menschen denken, dass man einfach weg ist, nachdem man gestorben ist, und nichts kommt – so wie man nicht da war, bevor man auf die Welt gekommen ist.

UND DU?

Was stellst du dir vor? Vielleicht hast du eine andere Vorstellung davon, was nach dem Tod kommt. Hier kannst du sie aufschreiben oder malen. Ganz egal, wie verrückt dir deine Idee vorkommt, denn es ist deine und für dich ist sie richtig.

UND DIE ANDEREN?

Frag doch mal einen Erwachsenen, den du gern hast, woran er glaubt. Hier kannst du es notieren oder ihn selbst schreiben oder malen lassen.

Das Lebenstor

Manche Menschen haben auch die Vorstellung, dass wir bei der Geburt wie durch eine Art Tor in unser Leben eintreten. Und dass wir, wenn wir unsere Lebenszeit auf der Erde verbracht haben, sie durch dieses Tor auch wieder verlassen.

Wenn es ein solches Tor gäbe, was könnte dahinter sein? Hast du darüber schon einmal nachgedacht? Was würdest du dir wünschen?

Und dein Lebenstor?

Was stellst du dir vor, was auf der anderen Seite ist? Zeichne oder schreibe es hier hinein.

IM *Himmel* ODER UNTER DER ERDE

Fragst du dich, wie man gleichzeitig im Himmel und unter der Erde sein kann?

Viele Menschen sagen so etwas wie: „Der Opa schaut von oben auf uns runter.“ Oder: „Opa und Oma trinken jetzt im Himmel zusammen Kaffee.“ Sie wissen schon, dass ein toter Körper nicht auf einer Wolke sitzen kann. Denn der Leichnam ist beerdigt oder eingeäschert worden. Doch wir können uns nicht erklären, was mit dem Teil von uns, den man nicht anfassen kann (dazu sagen wir Seele), nach dem Tod geschieht, wo er hingeht.

Deshalb trösten sich viele Menschen mit dem Gedanken, dass unsere Seele nach dem Tod weiterlebt, und stellen sich dann vor, dass das im Himmel ist. Niemand weiß, ob da etwas dran ist, aber wenn der Gedanke guttut, dann ist er genau richtig.

Wie können die Toten unter der Erde atmen?

Wer tot ist, braucht nicht mehr zu atmen. Lies mal nach auf Seite 10.

Von KLEINEN ...

Es gibt verschiedene Arten von Abschieden. Die kleinen und alltäglichen, die du oft erlebst, wie zum Beispiel der Abschiedskuss am Morgen, wenn die Eltern zur Arbeit gehen und die Kinder in den Kindergarten oder in die Schule, aber alle sich am Abend zu Hause wiedersehen. Das fällt Babies und ganz kleinen Kindern oft schwer, da sie erst noch lernen müssen, dass diese Abschiede nicht für immer sind. Aber auch größeren Kindern, sogar Erwachsenen, fällt es an manchen Tagen schwerer als sonst, sich zu verabschieden.

Dann gibt es auch noch die Abschiede, die schwieriger sind, weil man weiß, dass es eine Trennung für längere Zeit ist. Beispielsweise, wenn eine Freundin in eine andere Stadt umzieht und du sie erst in einigen Monaten wiedersehen kannst oder wenn Mama oder Papa alleine eine Reise machen muss und mehrere Tage unterwegs ist.

... und GROSSEN Abschieden

Am schwierigsten sind die endgültigen Abschiede. Die erleben wir vor allem dann, wenn jemand stirbt. Denn der Tod ist für immer und das ist so schwer zu begreifen. Und selbst wenn wir es mit dem Kopf verstehen, wollen wir es mit unserem Herzen oft einfach nicht annehmen. Wie kann es sein, dass jemand nie wieder zurückkommt? Das ist kaum zu verstehen, auch für Erwachsene. Wir müssen es aber irgendwie akzeptieren.

Wenn ein Mensch stirbt, hinterlässt er eine Leere. Es kann helfen, diese Leere mit der Liebe zu füllen, die wir für ihn empfinden. Denn die Liebe hört nicht auf. Sie braucht dann einen neuen Platz in unserem Leben. Das fällt uns leichter, wenn wir uns Rituale ausdenken, die uns dabei helfen, diesen neuen Platz zu finden. Einige Ideen dazu findest du in diesem Buch.

FOTOS MIT Flügeln

Vielleicht möchtest du das Foto der Person, um die du trauerst, von anderen unterscheiden. Hier ist eine Idee, wie du Fotos Flügel verleihen kannst: Nimm ein etwas festeres Papier oder klebe normales Papier auf Karton. Zeichne dann zwei Flügel und schneide sie aus. Jetzt musst du die beiden Flügel nur noch mit Klebestreifen von hinten an den Bilderrahmen kleben und fertig ist dein geflügeltes Erinnerungsbild.

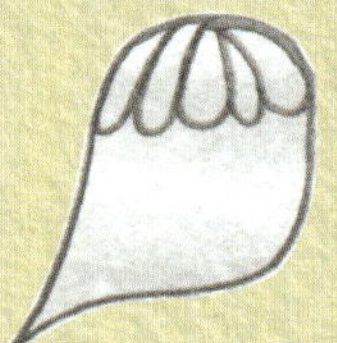

Links siehst du ein paar Beispiele, wie die Flügel aussehen können. Deiner Fantasie sind hier aber keine Grenzen gesetzt. Vielleicht fallen dir ja noch ganz andere Flügelformen ein? Natürlich kannst du sie auch farbig bemalen und sie können groß oder klein sein – ganz so, wie du es am schönsten findest.

SO BEFESTIGST DU DIE FLÜGEL MIT KLEBESTREIFEN AM BILD:

IDEE:

Du kannst auch Vogelfedern links und rechts hinter das Bild kleben.

FLÜGEL-VORLAGEN

ZUM NACH- ODER ABZEICHNEN:

WWW

Die Geschichte von der Raupe

Weißt du, was eine Raupe mit einem Schmetterling verbindet? Hier findest du die ganze Geschichte. Allerdings fehlt ein bisschen Farbe, oder nicht? Vielleicht hast du ja Lust, die Geschichte mit Stiften oder Pinsel und Farbe bunter werden zu lassen ...

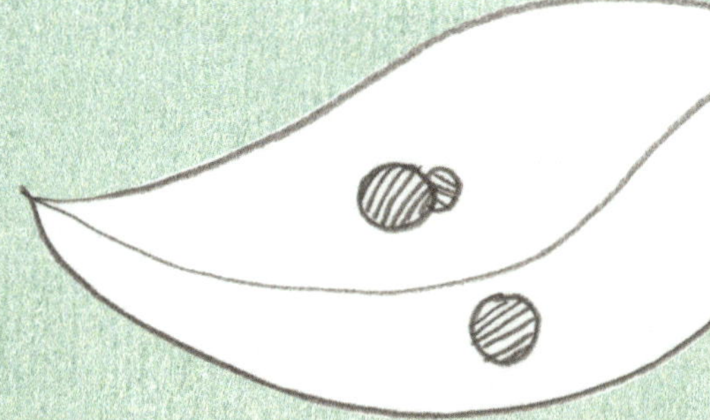

Kleine runde Eier bergen ein Geheimnis und warten darauf, ...

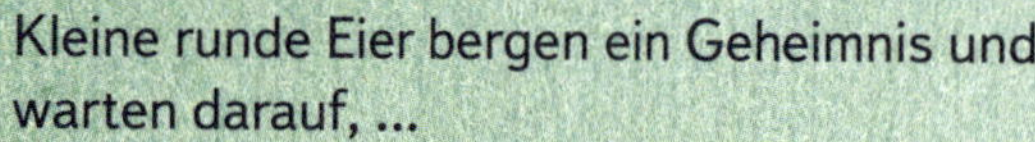

..., dass der Tag gekommen ist, an dem die Raupe aus dem Ei schlüpft.

Natürlich ist die Raupe erst einmal sehr hungrig. Sie futtert sich durch den Blätterwald und wird immer größer und dicker und größer und dicker, ...

... bis sie sich satt gegessen hat und müde wird. Dann sucht sie sich einen Platz an einem Ast und beginnt, sich einzuwickeln. Dieses Gebilde nennt man Kokon.

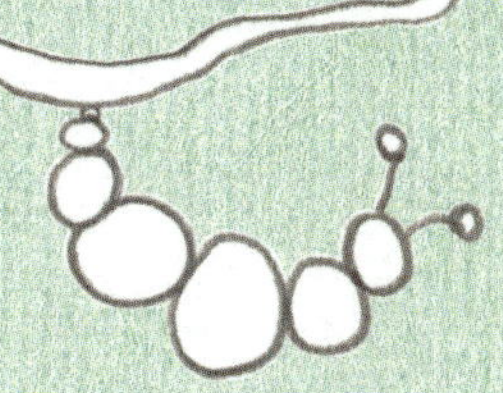

Darin verflüssigt sich die Raupe und verwandelt sich. Der Kokon wird eines Tages zu eng und daraus befreit sie sich ...

... als wunderschöner Schmetterling.

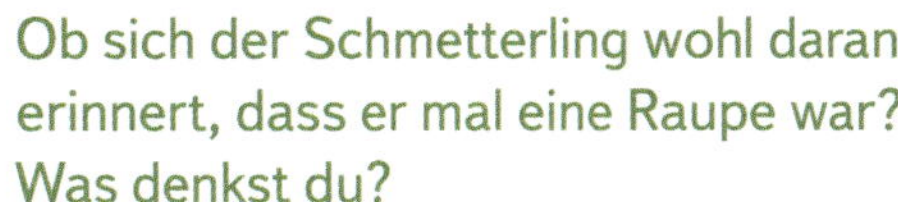

Ob sich der Schmetterling wohl daran erinnert, dass er mal eine Raupe war? Was denkst du?

Manche Leute stellen sich vor, dass auch uns Menschen nach unserem Tod ein neues Leben erwartet. Sei es als anderer Mensch oder als Tier oder Pflanze. Vielleicht auch als Engel.

Blätter doch mal eine Seite zurück, dort haben wir eine Idee für dich, wie du Fotos von jemandem, der gestorben ist, „beflügeln“ kannst.

Und auf der nächsten Seite kannst du dir Schmetterlingsflügel in allen Farben und Formen ausdenken.

Verleih uns Flügel!

Eigentlich sind es jetzt noch Raupen, aber sie sind schon aus dem Kokon geschlüpft. Doch wo sind ihre Flügel? Kannst du ihnen helfen und ihnen welche malen, aufkleben oder stempeln?

DU KANNST UNS
AUCH AUSMALEN!

Erinnerungs-ECKE

Es kann guttun, der eigenen Traurigkeit und den Erinnerungen an eine Person einen Platz zu geben. Manchmal ist das ein Grab, das Meer oder ein Baum im Bestattungswald. Nicht jeder mag diese Orte oder der Ort ist zu weit weg, um ihn regelmäßig zu besuchen. Wenn du dir eine kleine Gedenk-Ecke in deiner Nähe einrichtest, kannst du zum Beispiel jeden Abend einmal dort hingehen und einen Gedanken denken, vielleicht während des Essens eine Kerze in deiner Erinnerungs-Ecke anzünden (in Absprache mit einem Erwachsenen) oder jede Woche frische Blumen hinstellen. In so einer Ecke kann ein Foto stehen, etwas Gebasteltes, eine Kerze, Erinnerungsstücke oder auch die Erinnerungskiste, die wir auf der nächsten Seite vorstellen. So einen Ort kannst du dir auch draußen einrichten, zum Beispiel auf dem Balkon oder im Garten. Dann bemalst du einen Stein oder Stock, bindest eine Schleife um einen Ast oder Baumstamm, pflanzt ein Blümchen ein oder stellst ein Windlicht auf.

Das sind nur Beispiele. Du wirst dir sicher selbst weitere Ideen ausdenken, womit du diesen Ort zu deiner Erinnerungsecke machst.

Wenn du die Möglichkeit hast, dir im Freien eine Ecke zu suchen, zum Beispiel unter einem Baum oder Strauch, platziere dort, was dir gute Erinnerungen schafft.

Falls es drinnen für dich einfacher ist, dann such dir zu Hause einen geschützten Ort. Der Vorteil ist, dass die Dinge, die du hier hinstellst, nicht wetterfest sein müssen.

In einer geheimen Kiste kannst du alles sammeln, was dich an die Person, an die du dich erinnern möchtest, denken lässt.

Am besten nimmst du dir einen Schuhkarton oder eine andere kleinere Pappkiste, die nicht mehr gebraucht wird. Diese kannst du dann bekleben oder bemalen. Wenn du nicht möchtest, dass jemand hineinschaut, haben wir dir hier eine Idee für ein „Hineinschauen verboten!“-Schild aufgezeichnet. Oder du schreibst „GEHEIM“ darauf.

Natürlich kann es auch schön sein, jemandem, dem du vertraust, einen Blick in deine Erinnerungskiste zu erlauben und zusammen all die kostbaren Schätze anzuschauen. Oder gemeinsam zu überlegen, was noch hineinpassen könnte.

Gedankenfähnchen

Wenn der Kopf voller Gedanken ist, tut es manchmal gut, diesen einen Platz zu geben. Auf den Seiten 32, 42, 43, 56, 74 und 75 findest du Ideen, wie du die Gedanken aufschreiben oder aufmalen und was du dann damit machen kannst.

Es kann aber auch schön sein, Gedanken einfach nur zu denken. Denn einige davon kann man nicht in Worte oder Bilder fassen. Aber wohin damit?

Zum Beispiel an einen Baum! Wie das geht? Nimm verschiedene Bänder (Schleifen- oder Geschenkbänder, farbige Wolle, bunte Schnüre oder dünne Stoffstreifen) und schneide daraus Streifen, die mindestens so lang sind wie die kurze Seite eines DIN-A4-Blatts.

Dann nimmst du dir ein Band und denkst deinen Gedanken hinein. Hänge das Gedankenband in einen Baum. Nur du weißt, welcher deiner Gedanken da oben im Wind flattert. Wenn du das öfter machst, kann dieser Baum voll von deinen Gedanken sein. Oder du erzählst jemandem davon und bittest ihn oder sie, ebenfalls ein Gedankenfähnchen anzuhängen.

Wenn du keinen Baum nehmen kannst, binde einfach für jeden Gedanken etwas Wolle oder dünne Stoffstreifen um einen kleinen trockenen Ast, den du draußen gesammelt und mit in dein Zimmer genommen hast.

Die Gedanken mitnehmen kannst du, indem du die Fähnchen an ein Armband oder an eine Kette knotest. Dann solltest du sie so kurz schneiden, dass sie nicht allzu lang an dir herunterbaumeln.

DIE GUTEN INS TÖPFCHEN, ...

Kennst du diese Redensart? Damit ist gemeint, dass etwas Gutes aufbewahrt und das Schlechte beiseite getan wird. Beim Gemüse putzen mag das der richtige Weg sein, damit wir keine faulen Pilze essen, sondern nur die schönen. Mit Erinnerungen ist das anders. Es muss Platz sein für die guten und die schwierigen.

Erwachsene folgen meist der ungeschriebenen Regel, dass niemand etwas Schlechtes über die verstorbene Person sagen darf. Das kommt daher, dass wir sie natürlich in guter Erinnerung behalten möchten. Außerdem kann sie sich ja nicht mehr zu dem äußern, was wir sagen. Insofern ist das natürlich lieb gemeint.

Was dadurch aber leider auch passiert, ist, dass die anderen Erinnerungen gar nicht ausgesprochen werden. Aber die gibt es ja nun einmal auch. Niemand ist perfekt und auch nicht alles, was wir gemeinsam erlebt haben, war immer voller Sonnenschein. Darüber darfst du auch sprechen! Und natürlich darfst du danach fragen.

Hier ist Platz für deine guten und in der Wolke rechts für deine schwierigen Erinnerungen.

… DIE SCHLECHTEN INS KRÖPFCHEN

Damit die schlechten Erinnerungen gehen können, kannst du sie ruhig dick und fett und dunkel übermalen, wenn du sie nicht mehr sehen möchtest.

ERZÄHLST DU MIR WAS?

Dann zeichne ich das!

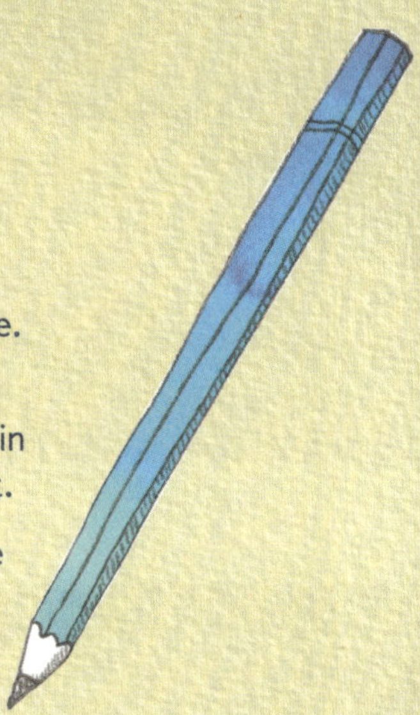

Lass dir von einem Erwachsenen eine Erinnerung an die Person erzählen, an die du mit diesem Buch denkst. Das kann eine lustige Geschichte sein oder eine ganz normale, eine kurze oder eine lange.

Dann kannst du daraus einen kleinen Comic machen, indem du die Geschichte in die Rahmen hineinzeichnest. Du darfst auch einfach in die Kästen schreiben, wenn du nicht so gerne zeichnest oder malst.

Vielleicht denkst du dir ja auch ein anderes Ende für die Geschichte aus oder machst sie noch lustiger oder spannender?

1

2

3

4

UND? HAST DU JETZT LUST, DEINEN COMIC JEMANDEM ZU ZEIGEN?

TRAURIGKEIT

hat viele Gesichter ...

Fips, der Hund der Familie Simmel, ist vor einigen Wochen gestorben. Er war sehr alt und hatte Schmerzen. Damit er nicht weiter leiden muss, wurde er beim Tierarzt eingeschläfert. Auf dem Tierfriedhof nicht weit vom Haus wurde er beerdigt und die ganze Familie war dabei. Die Kinder Sofia und Tom haben ihm einen schönen Stein aus dem Bach, in dem er so gerne gebadet hat, bemalt und bringen ihm jede Woche Leckerlis ans Grab. Er fehlt ihnen, denn alle Familienmitglieder haben ihn geliebt und das Leben ohne ihn ist einfach anders.

Schau mal, wie unterschiedlich jeder Einzelne der Familie mit diesem Verlust umgeht:

Tom ist seit dem Tod von Fips oft schlecht gelaunt und weint häufig. Er möchte dann alleine sein und mag es gar nicht, wenn jemand seine Tränen sieht. Fips war sein bester Freund und er fehlt ihm. Tom kann sich nicht vorstellen, jemals wieder ein anderes Tier so lieb zu haben, und er wird wütend beim Gedanken, dass die Familie sich ein neues Haustier zulegen will. Es kommt ihm so vor, als würde Fips dann vergessen werden.

Wie du hier siehst, verhält sich jeder Mensch – egal, ob Junge, Mädchen, Mann oder Frau, nach einem Verlust anders. Manche werden still, manche laut, einige ziehen sich zurück und machen alles mit sich selbst aus, während andere auf einmal ganz viel darüber reden wollen. Bei einigen kommt die Reaktion sofort, bei anderen erst einige Zeit später und dadurch meint man, sie seien gar nicht so traurig. Während für den einen alles

Linda, Toms und Sofias Mutter, macht sich Sorgen um ihren Sohn und möchte ihn trösten. Auch sie vermisst den Hund, der abends auf dem Sofa immer auf ihrem Schoß gekuschelt hat. Ihr merkt man allerdings kaum an, dass sie traurig ist, weil sie sich große Mühe gibt, den anderen zu zeigen, dass das Leben auch ohne Fips weitergehen kann.

Der Vater **Torsten** vermisst vor allem seine abendlichen Spaziergänge mit Fips und überlegt, ob es nicht schön wäre, einen neuen Hund in die Familie zu holen. Nicht, um Fips zu vergessen. Er denkt, das würde alle trösten, und will damit aber warten, bis Tom so weit ist. Er würde zwar gerne mit Tom reden, aber er traut sich nicht so recht, mit ihm über den Tod zu sprechen, weil er Angst hat, etwas Falsches zu sagen.

Sofia, die Kleinste der Familie, kann noch nicht so ganz begreifen, dass Fips nie wiederkommen wird. Sie ist sich sicher, dass er nur einen sehr großen Ausflug macht und dass er ihr eines Tages im Wald wieder begegnet. Sie wundert sich jeden Morgen, dass er nicht da ist und sein Napf nicht mehr in der Küche steht. Sie ist momentan viel lauter und alberner als sonst, weil sie ihren Bruder zum Lachen bringen möchte. Wenn Tom weint, muss sie nämlich immer mitweinen und weiß selber gar nicht, warum.

am besten eine Weile möglichst genauso weitergeht wie vorher, muss für eine andere erst einmal eine Art „Stopp-Taste“ gedrückt werden und nichts kann sein wie vorher.

Was davon ist nun richtig? Alles! Denn es gibt keine Regeln, wie man richtig trauert. Jeder trauert anders und darf das auch. Wichtig ist nur, einen eigenen Weg für die Trauer zu finden, denn sie braucht ihre Zeit und ihren Platz.

Wo?

Wo sitzt deine Traurigkeit? Stell dir vor, eine der Personen bist du. Nimm dir einen Stift oder Pinsel und male, wo sie für dich ist.

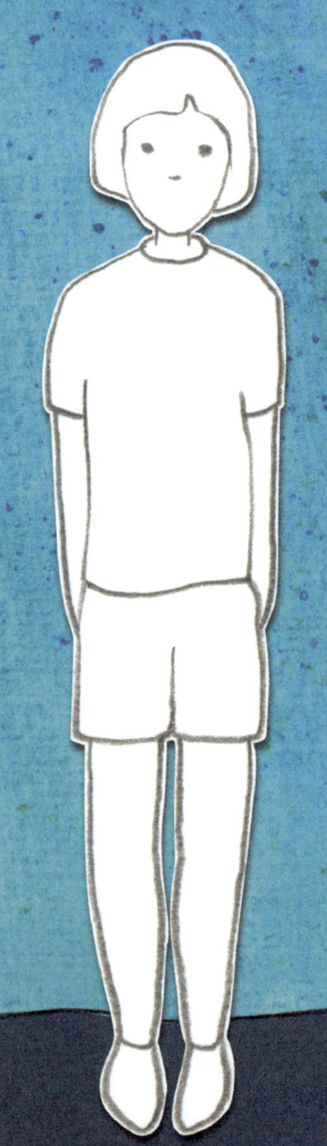

Auf dieser Seite sind mehrere Personen dargestellt. Möchtest du jemand andren bitten, seine oder ihre Traurigkeit einzumalen?

AUF UND AB ...

... geht es manchmal mit den Gefühlen und das geht allen Menschen so.
So einfach kannst du fröhliche, wütende oder traurige Gesichter in die Linien zeichnen:
Machst du weiter?

HEUTE BIN ICH TRAURIG, WEIL ...

Du kannst schreiben, malen, zeichnen, basteln, kleben oder einfach darüber nachdenken.

DU MACHST MIR KEINE ANGST MEHR!

Gibt es etwas, das dir Angst macht? Stell dir vor, dass dieses Papiermonster genau das ist und schreibe oder male es hinein. Es könnte dir weniger bedrohlich erscheinen, wenn du es erstmal zu Papier gebracht hast.

ODER DU MACHST FOLGENDES DAMIT:

Um es so richtig klein zu kriegen, kannst du dein Papiermonster zerknüllen oder wegwerfen. Denk daran, es zuerst abzuzeichnen oder auszudrucken, um nicht die Rückseite in diesem Buch zu verlieren. Nun kannst du das Ganze mehrmals machen, denn vielleicht fürchtest du dich vor mehreren Dingen.

Du darfst dein Monster auch einer erwachsenen Person zeigen und ihr könnt es gemeinsam verbrennen, vergraben oder gaaaaanz weit wegwerfen.

Denk dir auch mal eigene Monster aus, wie sehen die aus? Vielleicht haben sie ja viele oder gar keine Augen, witzige Ohren oder ein struppiges Fell?

DAS MACHT MICH SO WÜTEND!

Du kannst schreiben, malen, zeichnen, basteln, kleben oder einfach darüber nachdenken.

WWW

ALLES anders?

KOMMT ES DIR SO VOR, ALS OB AUF EINMAL ALLES ANDERS GEWORDEN IST?

Wenn jemand gestorben ist, der uns wichtig war, dann verändert sich sehr viel. Wir können uns mit dieser Person nicht mehr unterhalten und werden nichts Neues mehr mit ihr erleben. Im ersten Moment haben wir das Gefühl, dass wir es nie schaffen werden, mit dieser Veränderung zu leben. Doch das können wir. Es ist ein neuer Weg.

Überleg mal genau: Was hat sich wirklich verändert und was ist unverändert geblieben? Was geht weiter und was gehört der Vergangenheit an? Dein Leben geht weiter und du schaffst diesen Schritt.

DAS IST GLEICH GEBLIEBEN:

UND DAS IST ANDERS:

ICH wünsche MIR ...

... SO SEHR, DASS DU WIEDERKOMMST. ABER DAS GEHT LEIDER NICHT UND DARÜBER BIN ICH TRAURIG.

Dieser Wunsch kann also nicht in Erfüllung gehen. Aber es gibt andere Wünsche, die erfüllt werden können. Was kannst du dir noch wünschen? Vielleicht ja ...

... ETWAS, DAS MAN ANFASSEN KANN:

... ETWAS, DAS MAN NICHT ANFASSEN ODER KAUFEN KANN:

... ETWAS FÜR JEMANDEN, DEN ICH LIEB HABE:

Weißt du, was ein Kummerkasten ist? Das ist eine Art Briefkasten, in dem man Sorgen, Ängste und Ärger loswerden kann. Manchmal ist dieser Weg einfacher, als unangenehme Themen direkt anzusprechen.

Geht es dir auch ab und zu so? Vielleicht wirken die Erwachsenen in deiner Umgebung auch so beschäftigt, dass du gar nicht weißt, wann und wie du mit ihnen reden sollst. Dann könnte ein solcher Kasten helfen, einander zu sagen, was schwer auszusprechen ist. Das ist gar nicht so schwierig:

Nimm eine leere Taschentücher-Box (die haben oben schon einen Schlitz, in den man prima Briefe und Zettel hineinstecken kann). Schreibe, stemple oder klebe das Wort „Kummerkasten“, „Familienpost“ oder einen anderen Namen, der dir dafür einfällt, darauf. Wenn du Lust hast und gern bastelst, kannst du deine Kiste natürlich auch noch mit Geschenkpapier, Aufklebern, getrocketen Blüten und Blättern, mit Farben oder Fotos verzieren.

Dann befestigst du an der Seite noch ein Fähnchen, das anzeigt, ob neue Post im Briefkasten ist: Dazu nimmst du einen Zahnstocher, einen Strohhalm oder etwas Ähnnliches und befestigst daran ein Stückchen Papier als Fähnchen. Nun piekst du vorsichtig – eventuell mit der Hilfe eines Erwachsenen – mit einem spitzen Gegenstand (zum Beispiel mit einem Korkenzieher) ein kleines Loch in eine Ecke des Kastens und steckst das Fähnchen hinein.

Auch die Erwachsenen oder Geschwister können Botschaften für dich darin hinterlassen!

Ein BILD für einen GROSSEN

„Ein Bild sagt mehr als tausend Worte“, sagt man. Und ganz oft stimmt das! Wenn du etwas zu sagen hast, für das du nicht die richtigen Worte findest, versuche es doch einmal mit einem Bild. Du kannst es in den Kummerkasten legen oder direkt dem Erwachsenen geben, für den du es gemalt hast.

Knetest du gerne? Wie wäre es, wenn du mal selber Knete herstellst? Dafür brauchst du nur wenige Zutaten, die es in fast jedem Supermarkt zu kaufen gibt. Hier das Rezept:

Du vermengst **2 EL Zitronensäure, 400 g weißes Mehl, 140 g Salz, 5 EL Öl** und in einer großen Schüssel miteinander. Parallel bringst du **400 ml Wasser** zum Kochen und gießt es in die Schüssel. Nun verrührst du alles mit dem Knethaken eines Mixers, bis eine gleichmäßige Masse entsteht. Nach zwei bis drei Minuten ist die Knete schon so weit abgekühlt, dass du mit den Händen weitermachen kannst. Fertig ist deine Knete!

Mit flüssigen Lebensmittelfarben kannst du sie noch einfärben. Dazu teilst du deine Knete in so viele Teile, wie du Farben hast und verknetest sie so lange mit der Lebensmittelfarbe, bis du mit dem Ergebnis zufrieden bist. **Achtung**: Am besten ziehst du dazu Gummihandschuhe an.

Die Knete hält sich in sauberen Marmeladengläsern oder Frischhaltedosen im Kühlschrank zwei bis drei Monate.

Knete dir doch mal ein Monster! Das kannst du dann als Wut-Monster benutzen: Du denkst beim Kneten das hinein, was dich wütend macht, und wenn es fertig ist, machst du es platt! Nun kannst du daraus etwas Neues formen. Vielleicht etwas Schönes?

Wenn du kleine Figuren modellierst, kannst du eure Familie kneten. Wie stellst du sie zueinander? Stehen sie im Kreis? Oder tragen dich sogar mehrere Figuren auf ihren Schultern wie im Bild links?

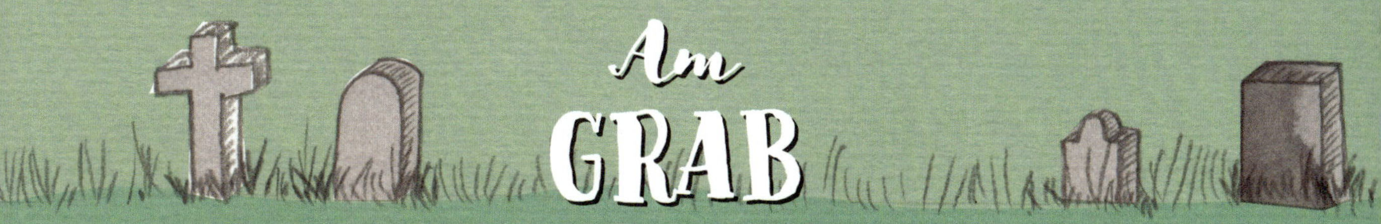

Am GRAB

Hat die Person, um die du trauerst, ein Grab und besuchst du es manchmal? Wir haben einige Ideen rund um diesen besonderen Ort für dich gesammelt.

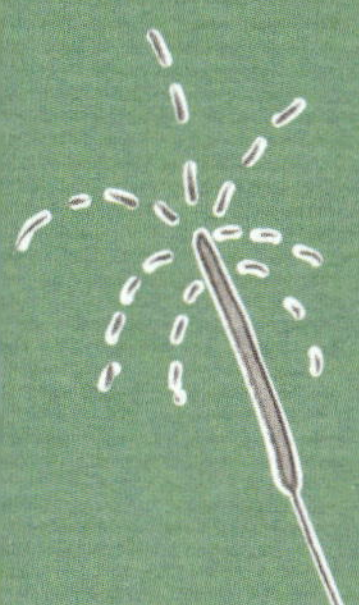

FUNKEL-LICHT

An besonderen Tagen wie dem Geburtstag des verstorbenen Menschen oder an Silvester kannst du eine Wunderkerze mitbringen und anzünden.

ERDPOST

Schreib einen Brief und buddele diesen am Grab ein.

EINE BLUME WACHSEN LASSEN

Der beste Zeitpunkt, Blumenzwiebeln einzubuddeln, ist der Herbst. Hierfür brauchst du eine Blumenzwiebel und eine kleine Schaufel (bei nicht allzu harter Erde geht das auch mit einem alten Esslöffel). Grabe ein kleines Loch, das ungefähr doppelt so tief ist wie deine Blumenzwiebel groß. Dann setzt du die Zwiebel mit der Spitze nach oben ein und bedeckst sie vorsichtig mit der Erde. Jetzt brauchst du sie nur noch regelmäßig zu gießen und bis zum nächsten Frühling zu warten!

ERZÄHLEN

Du vermisst es, mit dem verstorbenen Menschen zu sprechen? Wenn du magst, kannst du am Grab – entweder laut oder in Gedanken – aus deinem Leben erzählen. Du kannst dir auch vorstellen, wie er oder sie darauf geantwortet hätte. Oder du liest aus deinem Tagebuch vor.

FARBTUPFER

Blumen sind schön. Wenn wir welche verschenken, machen wir dem anderen damit eine Freude. Das darfst du auch am Grab tun: Du verschönerst es mit einem Blumenstrauß. Der kann aus dem Laden sein, selbst gepflückt, aus Papier gebastelt oder vielleicht sogar aus duftenden frischen Kräutern?

BEMALTE GRABKERZE

Verziere ein (am besten weißes) Grablicht mit wasserfesten Stiften und stelle es ans Grab. In den Kerzendeckel kannst du eine Geheimbotschaft schreiben.

Rituale

Wenn wir etwas zu bestimmten Anlässen oder Zeiten immer wieder tun und dies eine besondere Bedeutung für uns hat, dann nennt man das ein Ritual. Im Zusammenhang mit dem Tod gibt es einige davon. Sie unterscheiden sich von Kultur zu Kultur. In unserer Kultur sind zum Beispiel folgende Rituale üblich oder sie waren es zumindest.

Bei Beerdigungen steht an der Grabstelle meistens ein Korb mit Blütenblättern bereit. Wer möchte, gibt eine Handvoll davon ins Grab. Die Blüten sind wie ein liebevoller letzter Gruß. Oft wird eine Schaufel Erde mit ins Grab geworfen. Damit zeigt man, dass man den Toten beerdigt hat („Erde" steckt ja mit im Wort) und dass er nun wieder zu Erde wird.

Eine alte Tradition, die sich bis heute hier und da gehalten hat, ist das Anzünden einer Kerze zum Gedenken an die verstorbene Person. Deshalb stehen auf vielen Gräbern Windlichter.

Vielen Menschen tut es gut, das Grab regelmäßig zu besuchen und zu pflegen.

Früher durfte bei Trauerfeiern nur Schwarz getragen werden. Die Trauernden trugen sogar ein ganzes Jahr lang nur schwarze Kleidung. Wenn sie nach Ablauf der zwölf Monate wieder farbige Klamotten anzogen, wussten alle, dass das offizielle Trauerjahr vorbei war. Zum Glück ist das heute nicht mehr so streng und wir können uns anziehen, wie wir möchten. Manch eine hat keine Lust auf fröhliche Farben und zieht sich lieber dunkel an, wenn sie traurig ist, ein anderer hat das Gefühl, dass ihn bunte Farben aufheitern.

WELCHE FARBE HAT DIE TRAUER?

Da Trauer unsichtbar ist, hat sie keine richtige Farbe. Es gibt aber Farben, die für etwas Bestimmtes stehen, und das hängt sehr von der jeweiligen Kultur ab, in der man lebt: Bei uns steht Schwarz für Trauer, in vielen asiatischen Ländern zum Beispiel ist es Weiß.

Wie ist das für dich? Fühlt sich deine Traurigkeit dunkel und schwarz an oder hat sie eine ganz andere Farbe? Vielleicht ist sie mal trüb und düster, manchmal aber auch laut, rot und wild? Oder leise, hell und zart?

IDEEN *für* EIGENE *Rituale*

PLATZ FÜR DICH

Wenn jemand aus einer Familie gestorben ist, könnt ihr zum Beispiel seinen/ihren Platz am Tisch noch für einige Zeit weiter decken, als Zeichen, dass ihr an die Person denkt und sie im Herzen noch dabei ist.

Doch Vorsicht: Den einen tröstet eine solche Geste, während es eine andere vielleicht gerade traurig macht. Solche selbst ausgedachten Rituale sind ganz frei. Jeder kann sich etwas suchen, das ihm oder ihr guttut. Wäre das etwas für dich?

BEMALTE STEINE

Such dir einen schönen Stein – vielleicht findest du sogar einen, der zu der verstorbenen Person passt?
Wie Menschen können Steine stark sein, dick und kräftig, zart, lang und eckig, weich und gleichmäßig oder etwas wild und kantig. Wenn der Stein sauber ist, kannst du ihn mit dem Namen der oder des Verstorbenen bemalen. Wenn du Wasserfarbe oder Acrylfarbe verwendet hast, solltest du ihn nach dem Trocknen noch mit Klarlack überziehen, damit die Farbe wasserfest ist. Oder du bemalst den Stein gleich mit Lackstiften, denn die sind ohne extra Lackschicht wasserfest.

Wenn dir das Spaß macht, kannst du weitermachen und dazu Steine mit Dingen bemalen, die die Person mochte oder die mit ihr zu tun haben.

Diese bemalten Steine kannst du ans Grab bringen, in die Erinnerungsecke legen oder als Erzählsteine benutzen:
Dafür setzt du dich mit jemandem zusammen und ihr nehmt ein paar von den Steinen heraus. Nun könnt ihr euch passend zu den Bildern Geschichten erzählen.

TRAUER-Schmuck

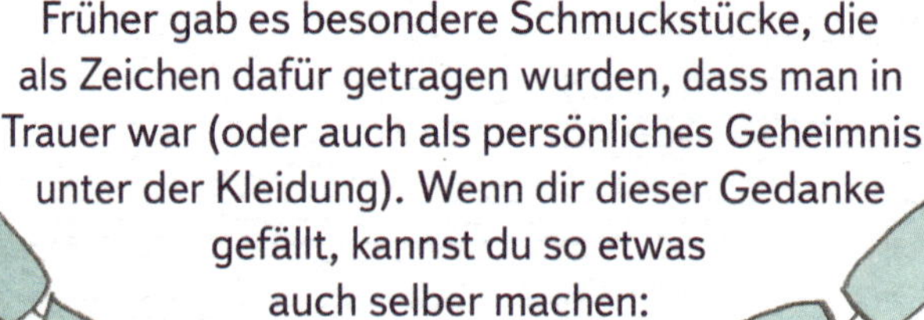

Früher gab es besondere Schmuckstücke, die als Zeichen dafür getragen wurden, dass man in Trauer war (oder auch als persönliches Geheimnis unter der Kleidung). Wenn dir dieser Gedanke gefällt, kannst du so etwas auch selber machen:

MODELLIERTE PERLEN

Mit Modelliermasse aus dem Bastelgeschäft (achte darauf, dass sie ungiftig ist) kannst du zum Beispiel Anhänger für eine Kette oder ein Armband formen. Dafür rollst du Kugeln in der Größe, die du möchtest, und machst mit einem Holzstäbchen (z. B. einem Schaschlikspieß) ein Loch zum Einfädeln hinein. Das Loch muss groß genug für den Faden bzw. die Kette sein, auf die du deine Perlen später auffädeln wirst. Wenn du magst, kannst du nun Muster oder einen Namen einritzen. Dann lässt du die Kugeln so lange trocknen, wie auf der Packung angegeben. Wenn sie durchgetrocknet sind, kannst du sie bemalen und mit Klarlack lackieren.

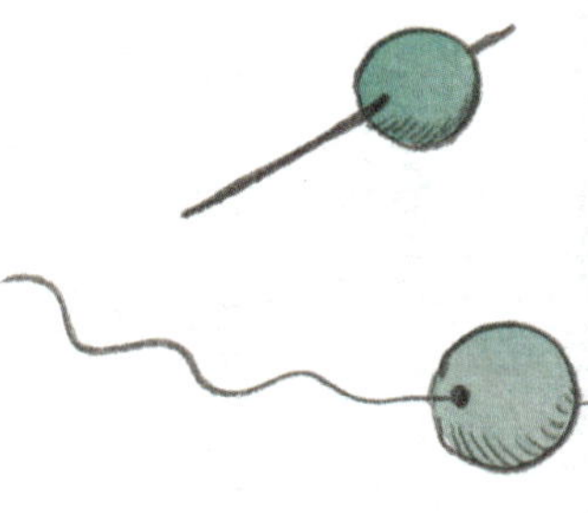

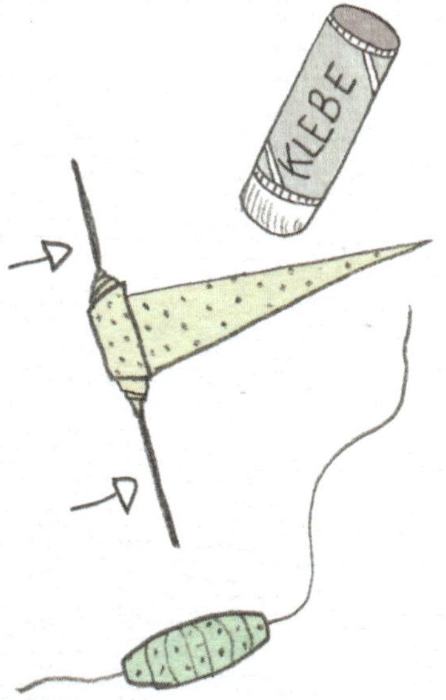

PAPIERPERLEN

Auch aus farbigem Papier kannst du Perlen selber machen. Nimm dir dazu schönes Papier (es geht aber auch mit einfachem Zeitungspapier) und schneide es in dünne Streifen. Auf der rechten Seite siehst du, welche Streifenformen du ausschneiden kannst, um unterschiedliche Perlenformen zu erhalten. Nun rollst du das Papier auf einen Zahnstocher auf und klebst die letzten 1 bis 2 cm mit Klebestift fest. Und schon ist die erste Perle fertig zum Auffädeln!

Das kann auch ein schönes Geschenk für andere sein. Vielleicht wird es ja ein Familienschmuck?

Hier siehst du, welche Papierform welche Perlenform ergibt:

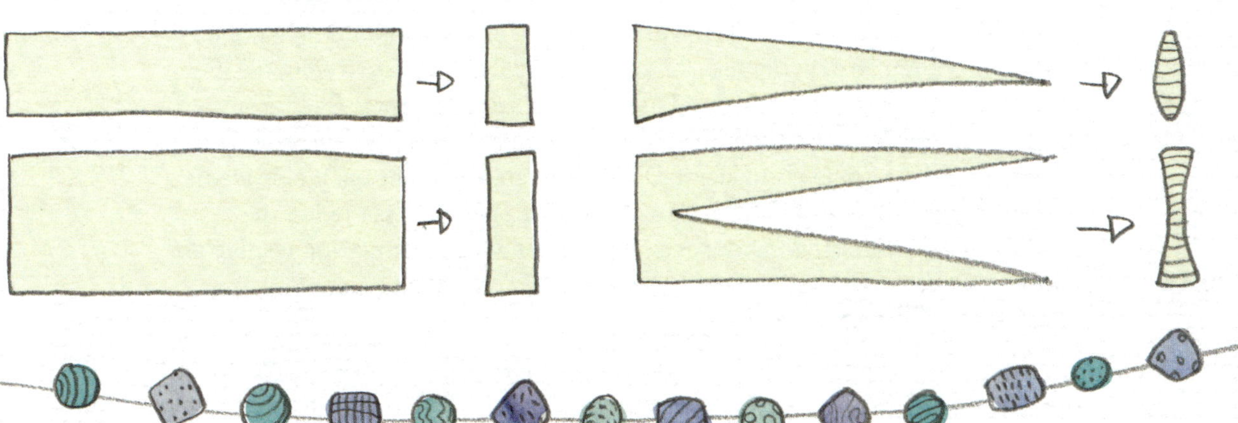

EIN GEDANKE ZUR GUTEN NACHT

Du kannst vor dem Schlafen einen lieben Gedanken an den Menschen richten, den du vermisst, oder von deinem Tag erzählen. Entweder du schickst den Gedanken einfach los oder du schreibst ihn auf.

Wenn du einen Leuchtstern hast, kannst du diesen vor dem Einschlafen mit einer Lampe aufladen und im Dunkeln so lange an den Verstorbenen denken, bis der Stern verblasst ist.

EIN RITUAL FÜR DICH

Du kannst dir Rituale ausdenken oder aus diesem Buch entnehmen, die sich für dich gut anfühlen. Es gibt die, die du allein für dich, und die, die du mit anderen zusammen machst. Auch die sind schön und wichtig, denn obwohl jeder einen ganz eigenen Trauerweg geht, ist es sehr tröstlich, einen gemeinsamen Weg zu finden und zu spüren, dass man nicht allein ist.

Weitere Ideen für Rituale sind die Gedankenfähnchen zu basteln (Seite 30) oder das Erinnerungsmemory mit anderen zu spielen (Seite 60), Gedanken auf die Reise zu schicken, wie auf den Seiten 74 und 75. Rituale und Ideen rund ums Grab findest du auf Seite 49.

Gedenkbäumchen

Eine Pflanze draußen oder in der Wohnung kann als Gedenkbäumchen für eine verstorbene Person dienen. Das kann sowohl eine Pflanze sein, die es schon gibt, als auch eine extra zu diesem Zweck ausgesuchte. Erkläre sie einfach zum gemeinschaftlichen Erinnerungsbäumchen. Jeder kann daran Briefchen, Erinnerungen und kleine Dinge hängen. Ihr könnt auch eine kleine Kiste mit Stift und Zetteln und Faden daneben stellen, sodass jeder, der möchte, etwas aufschreiben oder zeichnen und anhängen kann. Noch einfacher geht es mit einfarbigen Geschenkanhängern, die oft schon gelocht und mit einem Band versehen sind.

Das ist auch eine schöne Idee für eine Trauerfeier. Dann können die Gäste daran teilhaben und mitmachen. Am Ende des Tages hängt das Bäumchen voller unterschiedlicher Erinnerungen.

ERINNERUNGS-Mobile

DU BRAUCHST:

- leichte Erinnerungsstücke wie Fotos, Papiere, Briefchen, Federn, getrocknete Blüten, Zeichnungen ...
- Wolle oder Angelschnur
- Klebestreifen

Frag mal, ob jemand mitmachen möchte! Dann könnt ihr die Erinnerungsstücke zusammen aussuchen. Du kannst dein fertiges Mobile auch verschenken.

SO GEHT'S:

Schneide aus deinen Erinnerungsteilen unterschiedlich große Kreise aus und befestige sie der Reihe nach an der Rückseite mit Klebestreifen an deiner Schnur. Kleinere Dinge wie Federn, Knöpfe oder Ähnliches kannst du auch direkt an den Faden knoten.

Was ich DIR noch SAGEN wollte …

Es ist immer schwer, wenn jemand nicht mehr da ist und man das Gefühl hat, ihm oder ihr etwas Bestimmtes nicht gesagt zu haben.

Gibt es für dich etwas, das du noch loswerden möchtest? Du kannst es aufschreiben. Vielleicht sind es auch ganz viele Dinge, die du zu sagen hast. Dann kannst du sie sammeln, denn oft kommen im Laufe der Zeit noch welche hinzu.

Nimm dir kleinere Zettel oder zerschneide einen DIN-A4-Bogen in kleine Teile. Darauf schreibst du, was du noch sagen wolltest, und steckst es in einen Briefumschlag. Du kannst den Umschlag auch hier einkleben und nach und nach Zettel hineinstecken.

Diese Gedankensammlung kannst du …

… in diesem Buch lassen
… in oder auf das Grab legen
… unter dein Kopfkissen legen
… in den Kummerkasten (Seite 46) legen, damit jemand anderes sie liest.

WAS ICH SCHON IMMER MAL FRAGEN WOLLTE …

Ist es kalt unter der Erde?

Falls du dir Sorgen machst, ob die Toten unter der Erde frieren: Särge und Urnen werden in einer Tiefe von etwa zwei Metern unter der Erde eingegraben. So weit unten gefriert der Boden auch im Winter nicht. Je weiter man in der Erde nach unten gräbt, desto wärmer wird sie, weil das Innere unseres Planeten warm ist. Vielleicht gefällt dir der Gedanke, dass die Toten mit einer Jahreszeiten-Wohlfühldecke zugedeckt sind, die im Winter vor Frost und im Sommer vor Hitze schützt.

Wie lange dauert Traurigsein?

Trauer braucht ihre Zeit und die dürfen wir uns auch für sie nehmen. Denn wenn jemand weg ist, der uns wichtig war, hinterlässt das nun einmal eine Lücke. Wir müssen dann lernen, das Leben ohne diese Person weiterzuleben. Die Trauer dauert bei jedem unterschiedlich lang. Sie kann auch für eine Zeit fast verschwinden und dann wiederkommen. All das ist normal und darf sein.

Wie passt ein Mensch in eine Urne?

Manche Menschen entscheiden sich für eine Einäscherung, das heißt, der Leichnam wird in einem Krematorium verbrannt. Dann wird die Asche in einer Urne aufbewahrt. Und weil von einem erwachsenen Körper nur ungefähr zwei bis drei Kilo Asche übrig bleiben, passt ein Mensch dann in eine Urne, die viel kleiner ist, als der Mensch es einmal war.

Tut es weh, wenn man verbrannt wird?

Nein, denn der tote Körper fühlt nichts mehr.

Platz für Träume

Hast du schon einmal von der Person geträumt, an die du mit diesem Buch denkst? Kannst du dich daran erinnern? Vielleicht hast du nicht nur etwas gesehen, sondern auch etwas gehört, gefühlt, geschmeckt oder gerochen.

In dieser Traumwolke ist genug Platz zum Schreiben, Zeichnen oder Malen deines Traums – ganz egal, ob es ein angenehmer oder ein unangenehmer Traum war.

Erinnerungs MEMORY

Bestimmt kennst du das Spiel Memory, bei dem man Kartenpaare finden muss. Wie wäre es, wenn du dir dein eigenes Erinnerungsspiel bastelst, um es dann mit deinen Freundinnen, Freunden oder deiner Familie gemeinsam zu spielen?

SO GEHT'S:

Dieses Memory ist der Person gewidmet, an die du mit diesem Buch denkst. Überleg dir also zuerst ein paar Dinge, an die du dich besonders gern erinnerst. Dabei es ist ganz egal, ob es ein Lieblingsessen ist, eine Farbe, ein Satz, ein Wort, ein Bild, oder eine ganz bestimmte Geschichte, die ihr zusammen erlebt habt.

Diese Ideen kannst du auf die vorgezeichneten Kärtchen übertragen. Du darfst zeichnen, malen, schreiben, kleben. Denk dran, dass du jedes Bild auf zwei Karten malen musst, weil das Spiel aus Paaren besteht. Die Rückseite ist bei allen gleich. Wenn du möchtest, kannst du auch andere bitten, ein Kartenpaar zu gestalten.

Jetzt schneidest du die Karten nur noch aus (vielleicht klebst du sie zum Verstärken noch auf kräftigeren Karton) und schon ist dein Erinnerungsspiel fertig.

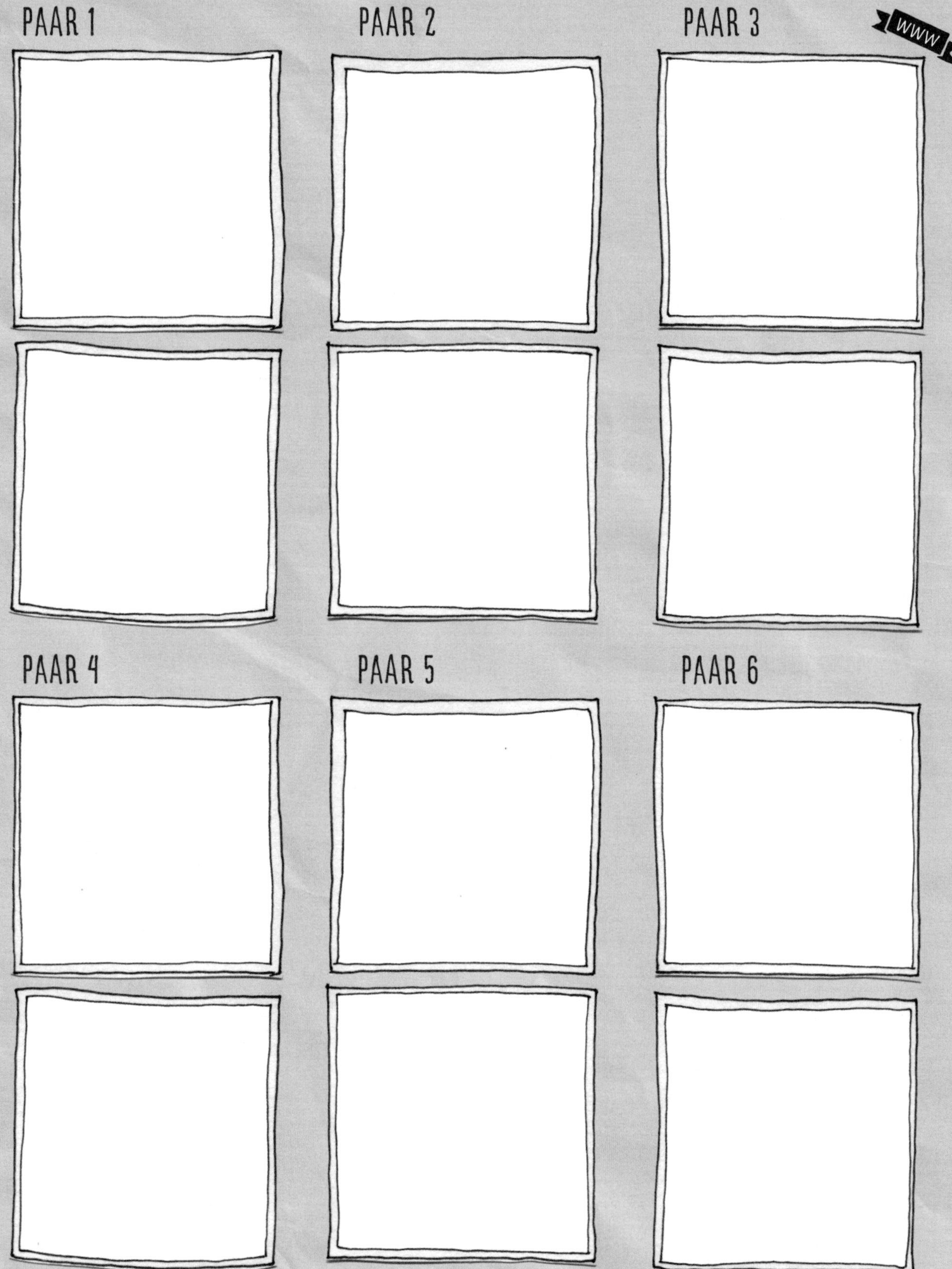
PAAR 1
PAAR 2
PAAR 3
WWW
PAAR 4
PAAR 5
PAAR 6

Das hier ist die Rückseite von deinem Erinnerungs-Memory!

Mal MAL MIT MUSIK!

Hast du schon einmal probiert, zu deiner Lieblingsmusik zu malen?

Manchmal, wenn man Musik hört (vielleicht auch über Kopfhörer oder einmal lauter, als du es gewöhnlich tust) und dabei den Pinsel führt, verändert sich das Malen durch den Schwung der Musik. Fast so, als könnte dein Pinsel die Musik auch hören!

FÜHL MAL!

So kannst du ein Fühl-Rätsel basteln:

Such dir draußen Blätter, etwas Sand und was du sonst noch findest, das eine Oberfläche hat, die man gut mit der Hand fühlen kann. Es gehen auch andere Materialien wie Stoffe, Wolle, Papiere, Gewürze, Sandpapiere, ... eben alles, was sich interessant anfühlt. Du findest sicherlich jede Menge! Dann klebst du etwas davon auf jedes dieser Felder und lässt jemanden mit verbundenen Augen tasten und raten, was es ist.
Gar nicht so einfach, oder?

Ihr könnt auch mal tauschen, denn wer weiß, ob du die Felder richtig errätst?

Manche Menschen sagen, sie fühlen nichts mehr, wenn sie sehr traurig sind. Kennst du das?

Wenn man den Eindruck hat, dass man in sich drin nicht mehr so richtig fühlen kann, ist es schön, mit den Sinnen zu fühlen. Was spürst du von außen, mit deinen Fingern? Du kannst genau überlegen und beschreiben, wie sich das anfühlt – knistrig oder weich, matt oder glatt, warm oder kühl, trocken oder nass, glitschig oder pitschig?

Vielleicht findest du ja Materialien, die dazu passen, wie du dich in deinem Inneren fühlst?

LASS es dir SCHMECKEN!

Hast du keinen Appetit?
Dagegen haben wir zwei tolle Rezepte, und zwar süß und salzig:

Gute-Laune-Pfannkuchen

DU BRAUCHST:

- 150 g Mehl
- 40 g Zucker
- 100 ml Milch
- 2 Eier
- Öl für die Pfanne
- 1 Prise Salz
- wenn du magst: 1 Teelöffel Zimt
- 1 bis 2 Äpfel

SO GEHT'S:

1. Äpfel schälen, vierteln, vom Kern befreien und in kleine Scheiben schneiden.
2. Mehl, Zucker, Eier, Salz & Zimt in eine Schüssel geben und verrühren.
3. Milch dazugeben und weiter verrühren (am besten mit dem Mixer).
4. Etwas Öl in der Pfanne erhitzen.
5. Wenn das Öl heiß ist, die Herdplatte auf die mittlere Stufe stellen und so viel Teig in die Pfanne geben, dass der Boden bedeckt ist. Dann zügig einige Apfelstücke darauf legen. Auf jeder Seite 2 bis 3 Minuten backen, bis die Pfannkuchen goldgelb sind.
6. Für die nächste Ladung wieder etwas Öl erhitzen und so viele Küchlein backen, bis der Teig alle ist.
7. Pfannkuchen auf einer Platte anrichten und, wenn du möchtest, noch mit etwas Zimt & Zucker bestreuen.

VARIATIONEN:

Bananenpfannkuchen: statt der Äpfel Bananenscheiben nehmen. Lecker!

Du kannst das Obst auch ganz weglassen. Dann schmecken die Pfannkuchen mit Marmelade oder Nougatcreme bestrichen, aber auch einfach mit Zucker köstlich.

Darfst du schon alleine an euren Herd und Mixer? Falls nicht, lass dir von einem Erwachsenen helfen.

Knusprige Gemüse-Chips

Magst du Chips? Du kannst dir selber welche backen und dafür verschiedene Gemüsesorten nehmen, wie zum Beispiel Möhren, Zucchini, Rote Bete, Pastinaken und Süßkartoffeln, aber natürlich auch normale Kartoffeln.

SO GEHT'S: Den Ofen auf 170°C (Umluft) vorheizen. Das Gemüse waschen, putzen und in ca. 2 mm dünne Scheiben hobeln. Das geschnittene Gemüse leicht salzen und etwas stehen lassen. Die Gemüsescheiben abtropfen lassen, mit etwas Öl in eine Schüssel geben und mit Salz und Gewürzen bzw. Kräutern mischen.

Die Gemüsescheiben nebeneinander auf mehrere Backbleche mit Backpapier legen. Achte darauf, dass nichts überlappt. Je nach Gemüsesorte brauchen die Chips unterschiedlich lange. Leg deshalb am besten die verschiedenen Gemüsesorten getrennt aufs Blech, sodass du eine fertig gebackene Sorte bei Bedarf früher aus dem Backofen holen kannst.

Die Chips ungefähr 45 Minuten lang backen.

Während der Backzeit einen Holzkochlöffel in die Backofentür stecken, sodass diese einen kleinen Spalt geöffnet bleibt (die feuchte Luft soll entweichen). Je nach Dicke der Gemüsescheiben und Gemüsesorte können die Chips etwas kürzer oder länger brauchen, deswegen etwa nach einer halben Stunde unbedingt immer wieder nachsehen, ob sie schon knusprig sind!

DU BRAUCHST:

- Gemüse, z. B. Süßkartoffeln, Rote Bete, Möhren, Kartoffeln
- Salz zum Würzen
- etwas Olivenöl

Und wenn du Gewürze magst:

- getrocknete Kräuter, Curry, Kurkuma, Paprikapulver ...

TIPP:

Trage beim Schneiden der Roten Bete Gummihandschuhe!

4 IDEEN für BILDER-BASTELEIEN

FOTOS BEMALEN

Alles neu macht der … Mai? Ja, das sagt man so. Und hier macht dein Pinsel alles neu! Wenn du ein Foto nimmst, kannst du es mit Acrylfarben be- und übermalen (wasserfeste Stifte gehen auch). So kannst du aus Regen Sonne machen, aus einem Baum einen Drachen, aus Sonnenschein ein Gewitter. Du kannst abdecken, was du nicht magst oder hinzufügen, was fehlt oder du dir wünschst.

COLLAGE

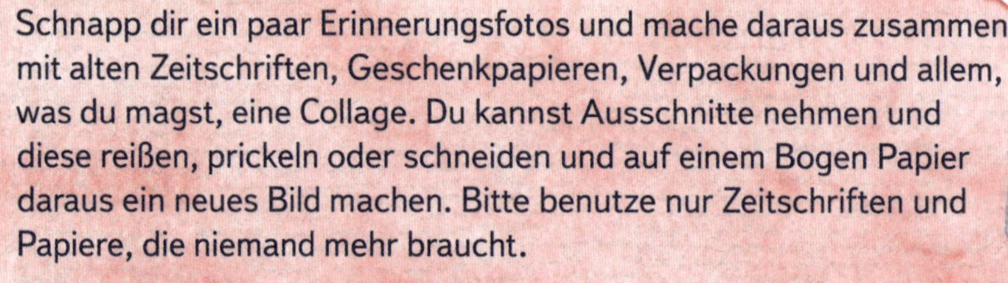

Schnapp dir ein paar Erinnerungsfotos und mache daraus zusammen mit alten Zeitschriften, Geschenkpapieren, Verpackungen und allem, was du magst, eine Collage. Du kannst Ausschnitte nehmen und diese reißen, prickeln oder schneiden und auf einem Bogen Papier daraus ein neues Bild machen. Bitte benutze nur Zeitschriften und Papiere, die niemand mehr braucht.

Du kannst auch Namen collagieren: Zeichne dir große Buchstaben auf und fülle sie mit einer Collage. Vielleicht füllst du so den Namen von jemandem mit Bildern, die etwas über ihn erzählen?

Das Schöne daran: Du musst nichts malen oder zeichnen, sondern nimmst einfach, was du hast, und machst daraus etwas Neues. Du bist ganz frei – denke nicht zu viel nach, sondern fang einfach an und lass dich vom Ergebnis überraschen!

BUNTE **BILDERRAHMEN**

Wenn du die Fotos, die du hast, nicht verändern möchtest, kannst du ihnen auch eine schöne Umrandung verpassen: Am einfachsten geht das mit buntem Tape, das du auf jeden beliebigen Bilderrahmen aufkleben kannst. Vorteil: Das Tape lässt sich meist gut wieder entfernen, wenn du deinen Rahmen – je nach Stimmung, Anlass oder Jahreszeit – neu gestalten möchtest. Unlackiertes Holz kannst du mit Wasser-, Plakat- oder Acrylfarben bemalen.

Oder du stellst deine eigenen Bilderrahmen her: Aus möglichst festem Karton (stabil, aber so, dass du ihn noch gut schneiden kannst) schneidest du dir einen Rahmen passend zum Foto. Dieser kann rund, eckig, glatt oder verspielt sein. Vielleicht findest du für die Formen ein paar Ideen auf Seite 84. Und dann bemalst du ihn mit Farbe oder beklebst ihn mit buntem Papier.

POPUP-FOTOS

Wenn du die Personen auf Fotos mit einem kleinen Cutter (hier muss dir vielleicht ein Erwachsener helfen) ausschneidest, dann lassen sie sich nach oben klappen und bleiben „stehen" (Achtung, die Füße aussparen!). Das an sich sieht schon toll aus und lässt sich natürlich auch mit Tieren, Pflanzen, Häusern usw. machen. Du kannst aber zusätzlich noch das Foto auf ein Papier kleben und in die freigewordenen Stellen etwas hineinschreiben oder hineinmalen. Zum Beispiel eine kleine Botschaft an die Person, die auf dem Bild ist? Eine Frage, ein Gedanke oder eine Erinnerung?

Wenn du den hochgeklappten Teil wieder herunterklappst, ist dieses kleine Geheimnis verdeckt und versteckt.

MOBILE
Siehe Seite 55

FOTOS MIT FLÜGELN
Siehe Seite 22

LIEBSTEN-GALERIE
Siehe Seite 84

So siehst DU in meiner ERINNERUNG aus

Wenn du deine Augen schließt und an die Person denkst, die du vermisst – was siehst du dann? Wie siehst du sie? Versuche einmal, das aufzuzeichnen oder zu malen. Es ist egal, ob du besonders „gut“ darin bist, denn erstens schaut niemand ungefragt in dein Buch und zweitens geht es nicht darum, ein Kunstwerk zu schaffen. Niemand gibt dir dafür eine Note. Es geht um deine Erinnerung und die gehört nur dir.

Möglicherweise erinnerst du dich auch gar nicht an so viel, das du genau beschreiben oder aufmalen könntest. Wahrscheinlich aber hast du ein Gefühl in dir, wenn du an die Person denkst. Kannst du das beschreiben? Wie fühlt es sich an?

Natürlich kannst du hier auch einfach ein Foto einkleben.

Wie ich mich an dich erinnere:

DEIN GERUCH WAR

____

____

____

DEINE STIMME HÖRTE SICH

___________________________________ AN.

DAS HAST DU GERN GEGESSEN UND GETRUNKEN:

____

____

DAS WAR TYPISCH FÜR DICH:

____

____

____

WENN DU EIN TIER GEWESEN WÄRST, WÄRST DU EIN ___________________ GEWESEN.

ICH MUSS IMMER AN DICH DENKEN, WENN

____

Diese Seite kannst du auch prima zusammen mit einem Erwachsenen ausfüllen.

WAS EIN **NAME** ALLES **SAGEN** KANN …

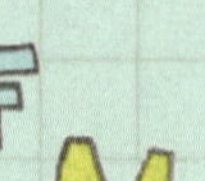

In einem Namen kann so viel drinstecken! Schreibe den Namen der Person, an die du denken möchtest, auf. Und zwar so, dass alle Buchstaben untereinander stehen. Dann schreibst du in jede Zeile eine Eigenschaft so hin, dass der jeweilige Buchstabe darin vorkommt.

Ungefähr so wie im Beispiel rechts:

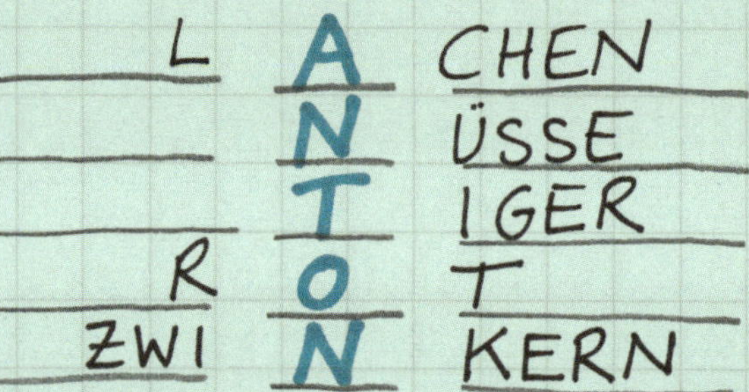

UND JETZT BIST DU DRAN!

Du kannst Worte nehmen, die die Person beschreiben, also wie sie war, wie sie zu dir war, was sie besonders gern oder gar nicht mochte (Farben, Essen, Musik, …). Auch Dinge, die du gern oder weniger mochtest an der Person, darfst du nehmen. Versuche einfach, an die Person zu denken und Worte zu finden, die passen.

Natürlich kann dir dabei auch jemand helfen, wenn du nicht weiterkommst. Zusammen gelingt es euch sicherlich, zu allen Buchstaben ein passendes Wort zu finden.

Elfchen

Ein Elfchen ist kein Flatterwesen wie in den Märchen. Es ist ein Mini-„Gedicht“, das wirklich jeder schreiben kann. Es muss sich nicht einmal reimen! Den Namen Elfchen hat es, weil es aus elf Wörtern besteht. Diese verteilen sich auf fünf Zeilen:

1. Zeile: 1 Wort (zum Beispiel ein Name oder ein Nomen)
2. Zeile: 2 Wörter (zum Beispiel etwas, das das Wort aus Zeile 1 beschreibt)
3. Zeile: 3 Wörter (zum Beispiel etwas, das damit geschieht)
4. Zeile: 4 Wörter (zum Beispiel etwas, das du fühlst)
5. Zeile: 1 Wort (ein Abschlusswort)

Hier ein Beispiel für ein Elfchen:

Luftballon
bunter Ball
du fliegst hoch
ich sehe dich verschwinden
Ferne

Elfchen kann man zu jedem beliebigen Thema schreiben.
Hier ein paar Ideen für die erste Zeile:

- Name einer Person oder dein Name
- Trauer
- Fröhlichkeit
- ein anderes Gefühl, das dich gerade beschäftigt

1 ______________________________

2 ______________________________

3 ______________________________

4 ______________________________

5 ______________________________

Gute Reise, lieber Gedanke!

Vielleicht gibt es einen Gedanken, der dich nicht loslässt, aber du möchtest ihn eigentlich gar nicht mehr haben. Versuch doch mal, ihn auf die Reise zu schicken. Und zwar nicht nur in deiner Vorstellung, sondern auf Papier: Schreibe deinen Gedanken auf einen DIN-A4-Zettel. Dann kannst du daraus ein Boot oder einen Flieger falten:

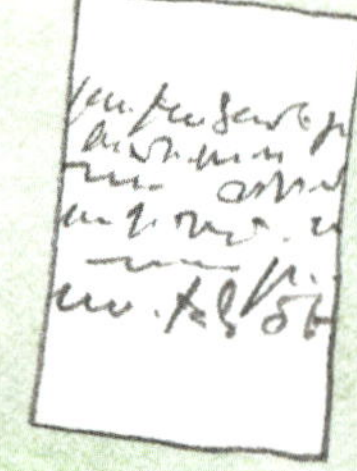

PAPIERSCHIFFCHEN

Die hier hell gekennzeichnete Fläche ist die Papierseite, die beim fertigen Schiffchen versteckter ist. Das sollte die Seite mit deinem Gedanken sein.

Dein Gedankenschiffchen kannst du nun zu Wasser lassen – vielleicht gibt es in deiner Nähe einen Bach, einen Kanal oder sogar das Meer?

Ahoi!

PAPIERFLIEGER

Die hier hell gekennzeichnete Fläche ist die Papierseite, die beim fertigen Flieger versteckter ist, und zwar in diesem Fall die obere Hälfte deines Zettels. Mit jedem Falten verschwindet der Text ein bisschen mehr.

Diesen Gedanken kannst du nun fliegen lassen!

Schöne LICHTER

Es ist schön, ein Licht aufzustellen. Das wärmste Licht geben Kerzen. Wie wäre es, wenn du in deine Erinnerungsecke eine selbst gemachte Kerze stellst? Hier zwei Ideen:

KERZEN VERSCHÖNERN

Es gibt im Bastelladen farbige Wachsplatten und auch Knetwachs, womit man Kerzen verzieren kann. Um eine Kerze zu verschönern, musst du nur Formen aus den Platten ausschneiden oder mit den Fingern aus Knetwachs formen. Dann drückst du das Ganze auf die Kerze, bis du mit deinem Ergebnis zufrieden bist.

Wenn du diese Kerze draußen hinstellen möchtest, nimm eine kleinere Stumpenkerze und stelle sie in ein leeres Marmeladenglas, damit sie vor dem Wind geschützt ist.

DIESE KERZEN KANNST DU AUSMALEN!

KERZEN SELBER MACHEN

Du kannst Kerzen sogar selber machen. Am einfachsten geht das mit Bienenwachsplatten. Außerdem brauchst du einen Docht und eine Schere.

Wärme die Wachsplatte etwas an, indem du sie auf die Heizung legst oder vorsichtig mit dem Fön erwärmst (Darfst du schon alleine an den Fön? Ansonsten bitte einen Erwachsenen, dir behilflich zu sein.) Dadurch wird die Platte weich und biegsam. Den Docht schneidest du so ab, dass er ca. 2 cm länger ist als die kurze Seite deiner Wachsplatte. Du drückst ihn an einem kurzen Ende der Platte fest und lässt die 2 cm Docht herausschauen. Nun rollst du das Wachs möglichst fest auf und schon ist deine duftende Kerze fertig!

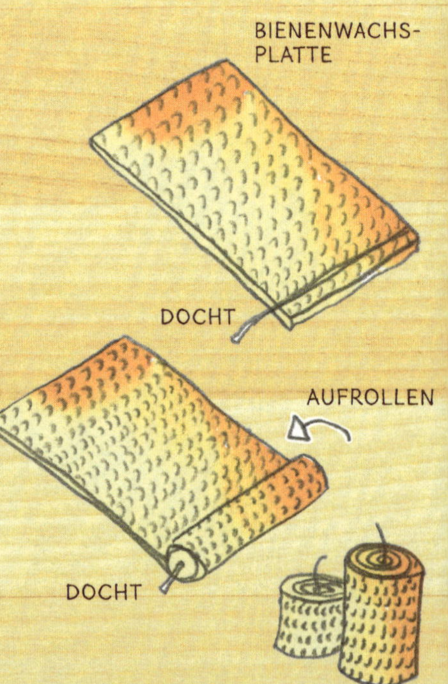

GLAS MIT TEELICHT

Du stellst ein Teelicht (das kann ein echtes sein oder ein LED-Teelicht) in ein Trink- oder Marmeladenglas und schon hast du ein Windlicht. Am einfachsten kannst du es zu deinem persönlichen Licht werden lassen, indem du eine Papierbanderole drumherum befestigst:

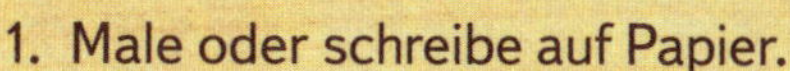

1. Male oder schreibe auf Papier.

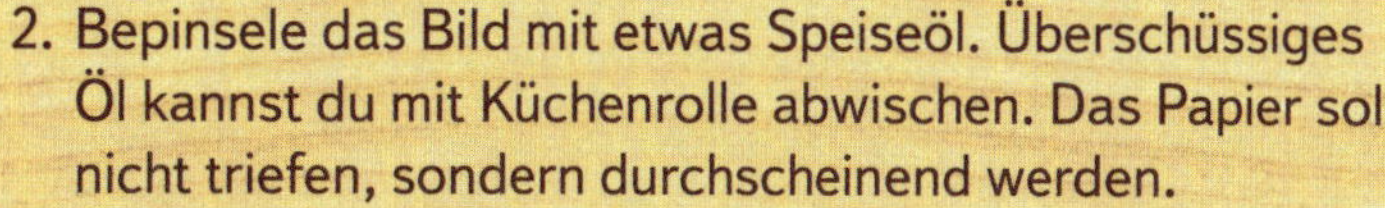

2. Bepinsele das Bild mit etwas Speiseöl. Überschüssiges Öl kannst du mit Küchenrolle abwischen. Das Papier soll nicht triefen, sondern durchscheinend werden.

3. Schneide das Papier so zurecht, dass es mindestens so hoch ist wie dein Glas. Nun rollst du es und klebst oder tackerst es an der Kante zusammen. Jetzt stellst du dein Kerzenglas hinein.

Du kannst stattdessen auch mit Lackstiften oder Wachsmalern auf das Glas schreiben, malen, tupfen, kringeln oder kritzeln.

Oder du beklebst es mit Schnipseln aus farbigem Transparentpapier (mit Tapetenkleister oder Klebe; siehe auch Seite 78), das du reißen oder schneiden kannst.

TEELICHTHALTER

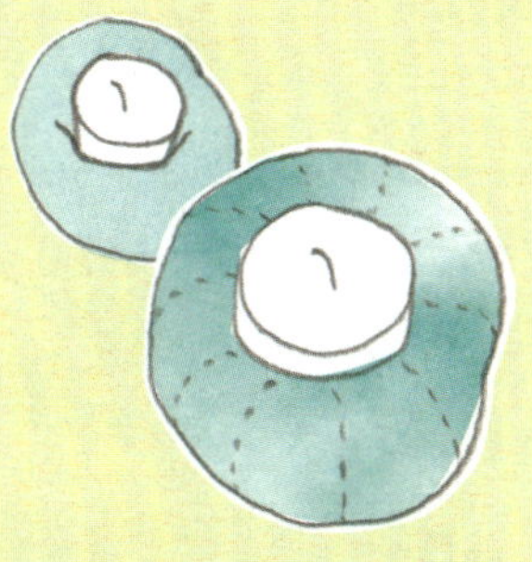

Mit Ton, Modeliermasse oder dem selbstgemachten Salzteig (Rezept auf der nächsten Seite) kannst du einen Teelichthalter machen: Nimm davon eine ungefähr handflächengroße Kugel und drücke sie etwas flach, sodass sie größer als ein Teelicht ist. Da hinein drückst du das Teelicht, bis es fest ist. Nimm die Kerze wieder heraus und lasse die Form trocknen. Wenn du magst, kannst du den Kerzenhalter nach dem Trocknen noch bemalen.

Wenn du die Kugel deutlich größer machst, kannst du das Teelicht auch in deinen Handabdruck stellen.

MATERIAL selber machen

Salzteig und Klebstoff kann man selber machen. Die beiden Rezepte auf dieser Seite kannst du für viele Anleitungen in diesem Buch gebrauchen.

SALZTEIG

DU BRAUCHST:

- 1,5 Tassen Mehl
- 1 Tasse Stärke
- 1 Tasse Salz
- 1 Tasse Wasser
- 2 Esslöffel Öl

Verknete sorgfältig alle Zutaten zuerst mit den Knethaken eines Mixers und dann mit den Händen. Jetzt kannst du nach Herzenslust formen. Die fertigen Werke müssen ein bis zwei Tage an der Luft trocknen und dann noch eine Stunde bei 150 Grad im Backofen aushärten. Danach kannst du sie mit Wasserfarben, Stiften oder Acryl bemalen. Besonders schön ist zusätzlich eine Schicht Klarlack (du kannst auch farblosen Nagellack nehmen – frag dazu bitte einen Erwachsenen).

Mit Lebensmittelfarben (die gibt es im Supermarkt bei den Backzutaten) kannst du den Salzteig auch komplett einfärben.

KLEBSTOFF

DU BRAUCHST:

- 1,5 Esslöffel Mehl
- ¾ Tasse heißes Wasser
- 2 Esslöffel Zucker
- altes Marmeladenglas

Verquirle Mehl und Wasser in einem Topf und bringe das Ganze unter Rühren zum Kochen. Reduziere die Temperatur und rühre den Zucker unter. Lass die Masse noch einmal kurz aufkochen und rühre dabei immer weiter. Nun nimmst du den Topf vom Herd und gibst die heiße Masse vorsichtig in ein sauberes Schraubglas. Dieser Kleber hält sich mindestens einen Monat. Am besten bewahrst du ihn im Kühlschrank auf.

Du kannst deine Klebe auch in einen sauberen leeren Deo-Roller füllen, dann hast du einen selbstgemachten Klebestift. Falls deine Klebe dazu zu dickflüssig ist, kannst du sie mit etwas Wasser verdünnen. Spüle ihn mit Wasser ab, falls er an der Kugel verklebt ist.

DARFST DU SCHON ALLEINE AN EUREN HERD UND MIXER? FALLS NICHT, LASS DIR HIERBEI VON EINEM ERWACHSENEN HELFEN.

Auf Seite 48 findest du auch ein Rezept für Knete!

EINE *Blume* NUR FÜR DICH

Hast du schon einmal beobachtet, wie aus einem Samenkorn eine Blume wird? Um wachsen zu können und zu einer Pflanze zu werden, braucht der Samen Erde, Licht und Wasser.

Dazu brauchst du nur einen Topf mit Erde an einem hellen warmen Ort, Wasser und Geduld. Du gibst die Samen (je nach Jahreszeit geht das besonders gut mit Ringelblumen, Sonnenblumen, Kapuzinerkresse, der Schwarzäugigen Susanne, Prunkwinde und auch Zucchini) in die Erde und bedeckst sie. Dann gießt du sie jeden Tag mit etwas Wasser. Den Rest macht die Natur. Eines Tages wirst du einen kleinen grünen Halm entdecken, aus dem nach und nach eine Blume wird ... und wenn sie stark genug ist und es draußen nicht friert, kannst du sie vielleicht in die Natur umpflanzen.

Im Bau- oder Supermarkt kann man aus vielen unterschiedlichen Samentütchen wählen. Darauf findest du auch genaue Angaben dazu, wann die Pflanze am besten ausgesät wird und was sie für Vorlieben hat.

Dieses Blümchen kannst du auch am Grab einpflanzen, wenn es groß genug geworden ist, oder es in deine Erinnerungsecke stellen (siehe Seite 28).

WWW

Mandali ... Mandala

Diese Mandalas kannst du ganz in Ruhe aus- und weitermalen.
Viel Spaß!

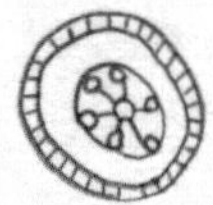

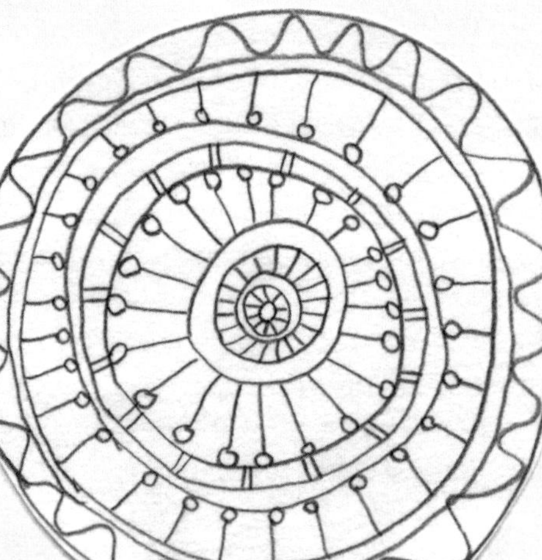

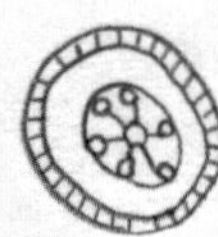

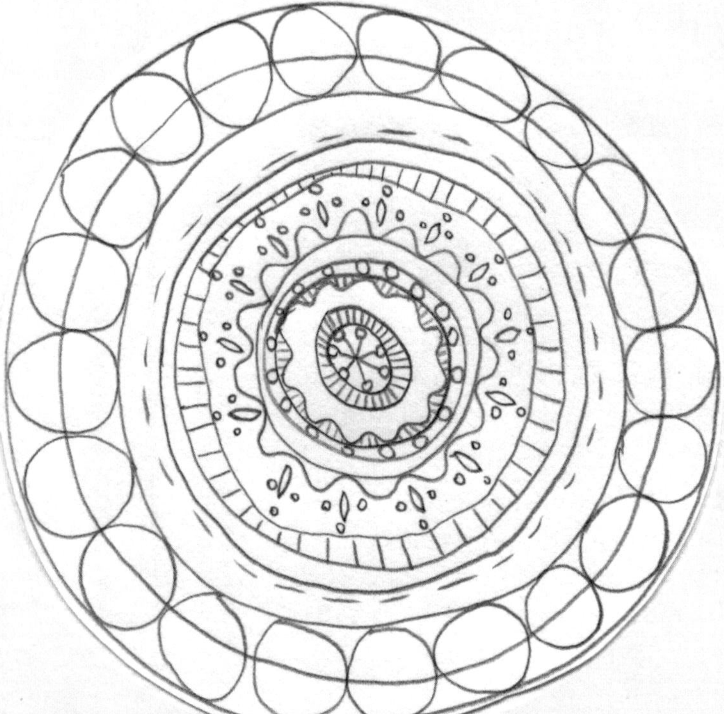

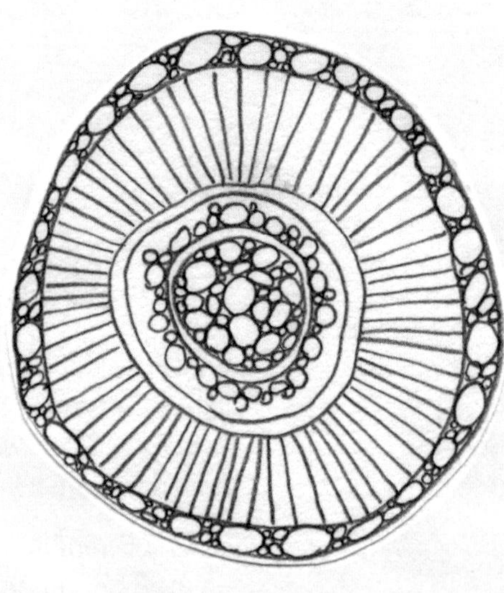

MEIN *wildes* MANDALA

Die Mandalas auf der linken Seite hast du vielleicht schon ausgemalt. Auf dieser Seite darfst du dich nun so richtig austoben: Nimm dir einen oder mehrere Stifte und kreisel drauf los! Du kannst dir auch ein ganz großes Papier nehmen, wenn dir der Platz hier zu klein ist. Du musst dabei nicht an etwas Bestimmtes denken, male einfach, ohne zu überlegen. Du kannst so richtig Schwung aufnehmen und die Arme mitbewegen! Das tut nicht nur bei Wut gut ...

Hast du schonmal ausprobiert, ob du mit mehreren Stiften gleichzeitig zeichnen kannst? Zum Kreiseln geht das gut und dein Mandala wird dadurch noch wilder.

BASTEL dir einen STRUMPFKUMPEL

Ganz ohne „Tritratrullala“ kannst du dir deinen eigenen Strumpfkumpel machen.

Du brauchst dazu nur Dinge, die du wahrscheinlich zu Hause hast: eine alte Socke und ein paar Kleinigkeiten, aus denen du ein Gesicht basteln kannst. Geeignet für die Augen sind vor allem alte Knöpfe (es können auch zwei unterschiedliche sein, das macht das Gesicht noch interessanter), aber auch Wackelaugen zum Kleben. Ebenso ist es mit der Nase: Hier nimmst du einen Knopf oder ein Stück Stoff. Oder aber du nähst an der Stelle, wo die Nase sein soll, mit farbigem Garn hin und her, bis dir die Nase groß genug ist.

Auch den Mund kannst du mit Garn sticken oder aufmalen. Ohren kann man weglassen oder aus Stoff- oder Filzresten annähen. Für die Haare nimmst du Wollfäden, Märchenwolle oder Watte, die du annähst oder anklebst. Verwende einfach, was du findest, du brauchst eigentlich nichts zu kaufen. Falls du einen hellen Socken hast, kannst du das Gesicht auch mit Stiften aufmalen. Normale Filzstifte sind meist nicht wasserfest. Wenn dein Sockenkumpel also waschmaschinenfest sein soll, musst du Textilfarben oder -stifte nehmen.

DU BRAUCHST:

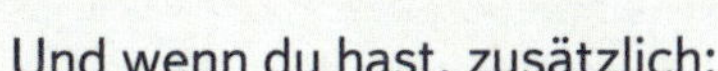

- einen alten Socken
- alte Knöpfe
- Nadel und Faden, evtl. Stopfgarn

Und wenn du hast, zusätzlich:
- Woll-, Filz- und Stoffreste
- Textilfarben oder -stifte
- normale Filzstifte

Dein Strumpfkumpel ist wirklich schnell fertig und schon kannst du deine Hand hineinstecken und damit losspielen.

Solche Sockenfreunde sind prima Zuhörer für Geheimnisse und verraten diese garantiert nicht weiter. Sie können auch richtig gut Fragen stellen, die man selber nicht zu stellen traut. Vielleicht möchte deiner ja mal mit einem Erwachsenen reden?

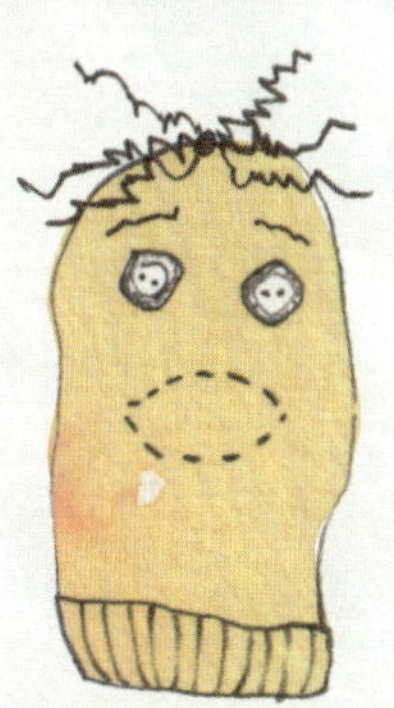

Wenn dir das Spaß macht, kannst du dir auch mehrere Sockenfreunde mit unterschiedlichen Gesichtsausdrücken machen. So lassen sich sogar kleine Theaterstücke damit aufführen. Nur so für dich. Oder für andere.

WWW
Meine Liebsten-Galerie
Auch wenn ein wichtiger Mensch fehlt, sind immer noch Menschen für dich da. Und auch die, die nicht mehr leben oder weit weg sind, sind auf eine andere Art da und Teil deiner Welt. In diese Rahmen kannst du zum Beispiel die Mitglieder deiner Familie hineinzeichnen. Oder alle Personen, die du gern hast und im Herzen trägst. Statt zu zeichnen, kannst du auch ihre Namen aufschreiben oder Fotos einkleben. Vergiss nicht, dich selbst mit abzubilden!

FAMILIENBANDE

Ist das eine wilde Bande? Nein, gemeint ist das Band, das Menschen miteinander verbindet, ihr Zusammenhalt. Und das gibt es nicht nur innerhalb von Familien, sondern kann auch zwischen Freundinnen und Freunden ganz stark sein. Einander die Hand reichen, zueinander stehen und füreinander da sein – das sind Dinge, die man gerade in traurigen Zeiten braucht.

Überleg doch mal, wer für dich da ist, wer dich stützt und dich umgibt. Es kommt nicht darauf an, dass es besonders viele Menschen sind.

Mit Papier, Schere und Stift kann man ganz einfach Papierketten mit allen möglichen Motiven basteln. Wenn du sie in Form von Figuren machst, kannst du dir deine eigene kleine „Papier-Familienbande" zusammenstellen.

SO GEHT'S: Du nimmst dir ein nicht zu festes farbiges oder weißes Papier. Wenn du beispielsweise einen DIN-A4-Bogen hast, dann schneidest du ihn einmal der Länge nach durch. Nun faltest du diesen Streifen im Zickzack zusammen – wie eine Zieharmonika. Obenauf zeichnest du eine Figur. Achte dabei darauf, dass sie teilweise an den Händen und Füßen bis zum Rand geht, denn dort halten sich die Figuren später aneinander fest. Du schneidest mit einer Schere die Figur aus und sparst den Teil, der den Rand berührt, aus. Wenn du das Ganze auseinanderfaltest, hast du deine kleine Bande vor dir!

Wer ist wer? Du kannst jetzt auf die einzelnen Figuren Namen schreiben, Fotos von Gesichtern aufkleben oder sie bemalen.

Wenn du die beiden Enden der Papierkette aneinanderklebst (das geht am einfachsten mit Klebestreifen), kannst du sie im Kreis aufstellen.

WENN DU DIE FIGUREN WIE HIER ZEICHNEST, DANN ENTSTEHEN DAZWISCHEN HERZEN!

TROSTSPENDER

Nun lass den Sommer gehen,
lass Sturm und Winde wehen.

Bleibt diese Rose mein,
wie könnt' ich traurig sein?

Diese Zeilen hat Joseph von Eichendorff vor fast 200 Jahren geschrieben. Darin spricht er vom Herbst, von Abschied, Traurigkeit und Trost.

Der Tod bringt dieselben Dinge mit sich. Natürlich ist man traurig, wenn jemand stirbt, den man geliebt hat. Diese Traurigkeit verschwindet auch nicht, nur weil man eine Rose in der Hand hält. Doch spenden kleine Gegenstände manchmal Trost. Das können die unterschiedlichsten Dinge sein: Zum Beispiel ein Erinnerungsstein (Seite 51) oder etwas anderes Selbstgemachtes. Oder ein besonderer Gegenstand, der der verstorbenen Person gehört hat, wie beispielsweise ein Schmuck- oder Kleidungsstück.
Es kann auch etwas Unsichtbares sein, zum Beispiel eine schöne gemeinsame Erinnerung, ein Witz, ein Geruch oder ein Gedanke.

Was gibt DIR Trost?

MEINE HAND *in* DEINER

Auch eine Hand, die deine hält, kann dich trösten. Und du kannst jemandem Trost geben, indem du seine Hand nimmst.

Das kann man auch aufzeichnen: Ihr legt nacheinander eure Hände auf ein Stück Papier und umrandet sie mit einem Stift. So habt ihr ein Trost-Bild, das euch zeigt, wie ihr füreinander da sein könnt.

Umrande deine Hand mit einem Stift auf einem Papier und schneide entlang der Linie aus. Nun hast du deine Hand aus Papier. Diese kannst du jemandem schenken und zum Beispiel draufschreiben: „Wenn du dich allein fühlst, reiche ich dir meine Hand!“

Auf
den KOPF
KOPF gestellt ...

… sieht die WELT ganz ANDERS aus!

Aus Regentropfen werden mit ein paar Strichen auf einmal Heißluftballons, die nicht fallen, sondern fliegen. Was fällt dir noch ein?

Das hier ist die Rückseite deiner Einladungszettel. Sie wird also möglicherweise zerschnitten, aber sie steht dir auch als Download zur Verfügung.

WWW

EINLADUNGSZETTEL
ZUM
Ausschneiden & Verteilen

Du kannst andere einladen, dir für einzelne Inhalte aus diesem Buch Zeit mit dir zu nehmen. Diese Zettel kannst du ausfüllen, ausschneiden und jemandem geben. Natürlich kannst du dir auch eigene ausdenken oder etwas durchstreichen.

Liebe/r ____________________

möchtest du mal mit mir zusammen etwas backen oder kochen? Rezepte für Knusperchips und Gute-Laune-Pfannkuchen habe ich schon. Ich lade dich ein!

Dein/e ____________________

Siehe Seite 66

Liebe/r ____________________

bitte erzähl mir doch mal eine Geschichte aus dem Leben von ____________________
Ich male sie dann auf!

Dein/e ____________________

Siehe Seite 34

Liebe/r ____________________

ich möchte Gedanken auf die Reise schicken. Bitte bastle mit mir zusammen einen Papierflieger oder ein Papierschiffchen. Ich habe dafür eine Anleitung, brauche aber deine Hilfe.

Dein/e ____________________

Siehe Seite 74

Liebe/r ____________________

bitte spiel/bastle mit mir mein Erinnerungsmemory!

Dein/e ____________________

Siehe Seite 60

Liebe/r ______

ich möchte eine Pflanze heranziehen und weiß schon, wie das geht.
Ich brauche Samen, Erde und auch ein bisschen Hilfe von dir.

Dein/e ______

Siehe Seite 79

Liebe/r ______

bitte geh doch mal mit mir zum Grab.

Dein/e ______

Liebe/r ______

ich habe einen Kummerkasten gebastelt. Immer, wenn die Fahne nach oben zeigt, ist darin eine Botschaft für dich. Du darfst auch Nachrichten für mich hineinlegen.

Dein/e ______

Siehe Seite 46

Liebe/r ______

ich habe mir Gedanken gemacht, was eigentlich nach dem Tod kommt. Die Menschen haben da ja ganz unterschiedliche Vorstellungen. Mich würde interessieren, was du dir vorstellst. Erzählst du es mir?

Dein/e ______

Siehe Seite 16

Liebe/r ______

ich möchte mal sehen, wie meine Hand in deiner liegt – dazu will ich unsere Hände auf Papier umranden. Hast du kurz Zeit, das mit mir zusammen zu machen?

Dein/e ______

Siehe Seite 87

Liebe/r ______

hast du Lust, etwas mit mir zu spielen? Ich habe ein Fühl-Rätsel gebastelt und nun wollen wir mal sehen, wer von uns mit den Händen erfühlen kann, was ich da alles aufgeklebt habe.

Dein/e ______

Siehe Seite 64

Liebe/r ______

weißt du, was Erzählsteine sind? Ich möchte dir meine zeigen. Vielleicht können wir uns zusammensetzen und uns gegenseitig Geschichten erzählen.

Dein/e ______

Siehe Seite 51

Das hier ist die Rückseite von deinen Einladungszetteln!

Es geht IMMER weiter!

In der Natur zeigt sich der Lauf der Zeit durch die wiederkehrenden vier Jahreszeiten. Nach jedem Winter kommt ein neuer Frühling und auch wenn es einem manchmal so vorkommt, als könne nichts jemals wieder weitergehen, dreht sich der Kreis der Jahreszeiten unaufhörlich weiter. Du kannst dich darauf verlassen, dass irgendwann wieder die Sonne scheint, egal wie dunkel und kalt es gerade ist.

WINTER

FRÜHLING

SOMMER

HERBST

Wie sieht die Natur während der unterschiedlichen Jahreszeiten aus? Hier kannst du es hineinmalen, indem du diesem Jahreszeitenbaum Blätter zeichnest (oder klebst, stempelst, tupfst ...). Und was könntest du noch dazumalen?

WER HAT DIESES BUCH GEMACHT?

Jule Kienecker

Jule hat sich dieses Buch ausgedacht. Sie ist Kommunikationsdesignerin und findet, dass man sich noch viel mehr ausdenken kann, das Familien in Trauer hilft. Sie lebt mit ihrer Familie in Berlin.

Mechthild Schroeter-Rupieper

Mechthild ist Trauerbegleiterin, Gründerin der Familientrauerarbeit und Inhaberin von Lavia – Institut für Familientrauerbegleitung. Sie hat viele Bücher über Abschied und Trauer geschrieben, hält dazu Vorträge und gibt Fortbildungen im ganzen deutschsprachigen Raum. Sie lebt mit ihrer Familie in Gelsenkirchen.

An der Entstehung dieses Buches waren nicht nur wir beiden beteiligt. Deshalb möchten wir uns von Herzen bei denen bedanken, die – auf unterschiedliche Arten – mitgeholfen haben: Wir danken Andrea Langenbacher, die das Buch auf den Weg gebracht, begleitet und betreut hat.

Jule dankt Mauricio für den freien Rücken; Blanca und Anton für ihre Vorfreude und die eifrige Mithilfe an den Hintergrundbildern. Danke, meine kleine Co-Illustratorin, für deinen Beitrag auf Seite 27. Danke an alle, die sich an einen neuen Umgang mit unserer Trauerkultur machen.

Mechthild bedankt sich bei Meinrad, ihren drei Jungs und dem gesamten Lavia-Team für Anregungen und Rückendeckung. Ebenfalls geht ein großes Danke an die Kinder, Jugendlichen und Erwachsenen bei Lavia, die sich auf die Ideen der Familientrauerarbeit einlassen, mitwirken und weitertragen.

WWW

UNTER DEM LINK WWW.PATMOS.DE/DOWNLOAD/978-3-8436-1154-1 STEHEN PDFS MIT INHALTEN ZUM DOWNLOAD SOWIE EIN BRIEF AN DIE ERWACHSENEN ZU DIESEM BUCH BEREIT.

WIR EMPFEHLEN DIR UND DEINER FAMILIE DIESES BUCH VON MECHTHILD:

Mechthild Schroeter-Rupieper
Für immer anders
Das Hausbuch für Familien in Zeiten der Trauer und des Abschieds

144 Seiten
ISBN 978-3-8436-1267-8

Trauer kann man weder schönreden noch wegdiskutieren. Sie geht nur vorbei, indem man trauert. Familien tun sich jedoch oft schwer, gemeinsam mit Verlust, Abschied und Tod umzugehen und einen Ausdruck dafür zu finden. Dies gilt beim Tod eines Familienmitglieds genauso wie für andere Verlust- und Abschiedssituationen wie z. B. eine Scheidung oder der Tod eines geliebten Haustiers. Dieses Buch zeigt Möglichkeiten, wie Eltern ihre Kinder und Kinder ihre Eltern in der je eigenen Trauer verstehen lernen können. Einfühlsam und ideenreich macht Mechthild Schroeter-Rupieper Mut, die Trauer und Erinnerung gemeinsam zu gestalten.

Hinweis

Wir haben alle Anleitungen und Ideen in diesem Buch sorgfältig ausgewählt, ausprobiert und für gut befunden. Deren Ausführung erfolgt aber ausdrücklich auf eigene Verantwortung und wir können keine Garantie für deren Gelingen übernehmen. An den Stellen, an denen z. B. mit einem Herd umgegangen werden muss, haben wir darauf hingewiesen, dass möglicherweise Erwachsene hinzugezogen werden sollten. Da dieses Buch zu selbstständigen Aktivitäten anregt, ist es wichtig, den Umgang mit den dazu benötigten Materialien im Vorfeld zu thematisieren und ggf. zu beaufsichtigen.

TEXTNACHWEIS

Seite 18, aus: Michael Ende, Momo. © 1973, 2018 von Thienemann in der Thienemann-Esslinger Verlag GmbH, Stuttgart.

BILDNACHWEISE

Foto Jule Kienecker (Seite 94): © Sarah Humeniuk
Foto Mechthild Schroeter-Rupieper (Seite 94): © Martin Möller
Hintergrundbild Umschlag: © Chingraph / Shutterstock;
Hintergrundbilder Adobe Stock: S. 10/11, 76/77: © Stephanie Zieber; S. 70/71: © Phokin; S. 23, 84, 94/95: © kikkinka; S. 24/25, 54/55: © MMphotos; S. 30/31: © colorinem; S. 32/33: © soolima; S. 44/45: © oly5; S. 66/67: © Zerbor; S. 74/75: © robert

IMPRESSUM

4. Auflage 2026

Verlagsgruppe Patmos in der Schwabenverlag AG, Senefelderstr. 12, 73760 Ostfildern
produktsicherheit@verlagsgruppe-patmos.de
www.patmos.de
(Vorstehende Angaben sind zugleich Pflichtinformationen nach GPSR)

Umschlaggestaltung: Finken & Bumiller, Stuttgart
Idee, Innengestaltung und Illustrationen: Jule Kienecker, www.jule-kienecker.de
Lektorat: Andrea Langenbacher, www.andrealangenbacher.de
Druck: Finidr s.r.o., Český Těšín
Hergestellt in Tschechien
ISBN 978-3-8436-1154-1